夺回伊甸园

〔美〕奥利弗·A.霍克 / 著
尤明青 / 译

改变世界的
八大环境法案件

Taking Back Eden

Eight Environmental Cases
that Changed the World

北京大学出版社
PEKING UNIVERSITY PRESS

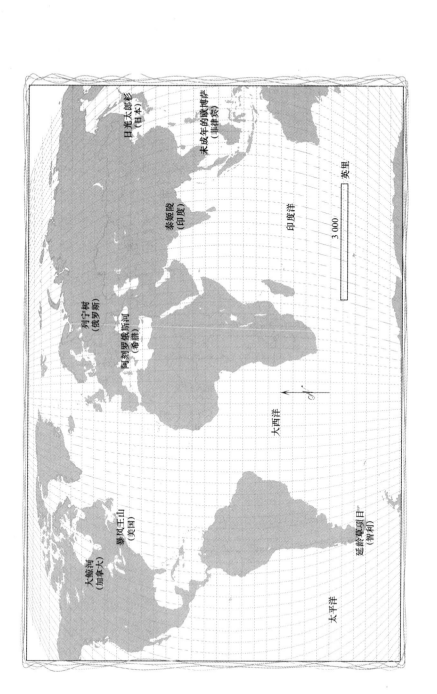

目录

环境司法的力量（代序）　I

导论：觉醒　V

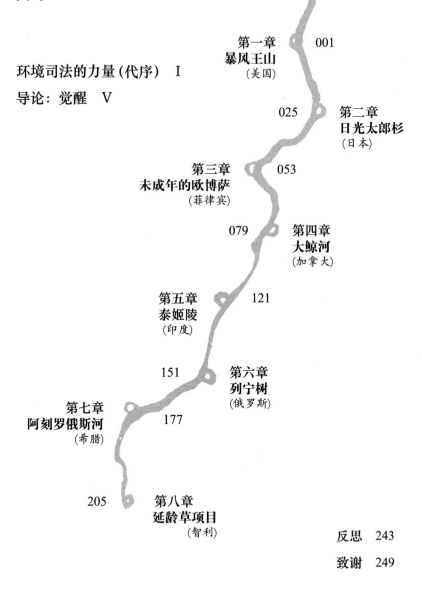

第一章　暴风王山（美国）　001

第二章　日光太郎杉（日本）　025

第三章　未成年的欧博萨（菲律宾）　053

第四章　大鲸河（加拿大）　079

第五章　泰姬陵（印度）　121

第六章　列宁树（俄罗斯）　151

第七章　阿刻罗俄斯河（希腊）　177

第八章　延龄草项目（智利）　205

反思　243

致谢　249

环境司法的力量
（代序）

"夺回伊甸园"，一个如此有力量的书名。是期冀的表达，还是真实的再现？这初见时的瞬间闪念，引发了阅读的急切。书卷在手，清风徐徐；语言限制，分享困难。于是，有了翻译与介绍的冲动。

在不断的阅读中与译者交流，把原作的风格、内涵与价值完整地传递给读者，"神形兼备"而非"照猫画虎"；在反复推敲译稿过程中，译者与作者的师生之谊与学术联系，"融会贯通"而非"囫囵吞枣"。

司法是否具有力量？作者选择了来自不同法系、不同社会经济条件、不同历史文化背景、不同国家的8个案例：美国的暴风王山案、日本的日光太郎杉案、菲律宾的未成年的欧博萨案、加拿大的大鲸河案、印度的泰姬陵案、俄罗斯的列宁树案、希腊的阿刻罗俄斯河案、智利的延龄草项目案。这些案例，表明了法院在应对环境问题方面的功能与作用，展示了法官在环境案件审判中的睿智与锐气。诚然，这些案例的发生和成功，都有偶然因素，因为在适当的时间、适当的地点,遇到了适当的法院、适当的法官。但是,这些来自全球各地的偶然,呈现的却是必然:生态环境保护,既是经济社会发展的内生诉求,也是各国之间互相影响的结果;司法对环境问题的回应,既有个性、也有共性。司法的力量,既源于经济社会可持续发展的需求,也缘于法治对经济社会发展不可或缺的地位。

如何研究案例?作者是一个"讲故事"高手,探访了相关法官、律师、政府官员、环保人士、企业家,深入挖掘案件及判决产生的政治、社会、历史与经济原因,让读者看见案例的背后。通过作者的描述,我们可以感受哈得孙河的风土人情、仰望德川家康神社的古树名木、穿行菲律宾的热带雨林、体验加拿大印第安人融入西方文化的苦涩、领略泰姬陵的宏伟壮丽、欣赏俄罗斯的北国森林、聆听河神的爱情故事、沿着麦哲伦和达尔文走过的路线探访火地岛。这样的研究方法,让我们不仅看到了案例本身所体现的法律规则,而且可以在案件的来龙去脉和文化背景中去体会、去感悟:为什么会有这样的法律规则,这些法律规则是如何适用以及在何种情况下适用?这样的"故事书",没有激越的雄辩,却娓娓道来,春风化雨。案例研究如此,既需要强烈的社会责任意识,更须有深厚的学术积淀。

什么样的作者与译者可以完成此书?原作者奥利弗·A. 霍克(Oliver A. Houck)是美国杜兰大学(Tulane University)法学院的资深环境法教授。霍克教授 1960 年毕业于哈佛大学,1967 年毕业于乔治城大学法学院,曾任联邦检察官,自 1981 年起在杜兰大学法学院执教至今,虽已年逾古稀,但是仍然活跃在教学一线。霍克教授关注环境法实务，重视田野调查，对法律规则的形成与运作具有独到的研究方法与见解，这种特色在本书中有充分体现。本书译者尤明青，环境法博士，中南财经政法大学法学院副教授，也是我的硕士、博士研究生，多次参与我主持的各类项目研究，承担过不同形式的社会调查、实地考察以及理论研究任务，现在地方环境保护局挂职锻炼。尤明青在美国杜兰大学攻读法学硕士学位期间曾受教于霍克教授，毕业后一直保持与老师的学术联系。他的英语水平、中外法学教育背景，尤其是环境法理论研究与实务工作经历，为翻译本书提供了保障。

关于环境司法、关于环境法研究方法，绝非八个案例、一种研究方法、一个研究者可以完成的工作，但绝对需要更多的案例、多种研究方法、更多研究者投身其中。尤其是在今天的中国，环境司法刚刚起步，如何公正地裁判环境案件还有许多值得探讨的问题，需要学习和借鉴先进，需要了解和熟悉国情，需要探索和创新方法。由此，本书可以提供一个视角、一种方法、一些启示！

吕忠梅
2016年9月30日于北京

导论
觉醒

> 在任何其他政治运动、社会运动中,诉讼都没有发挥如此重要的作用,都没有这样居于主导地位。哪怕是与此相近的情况,都没有。
>
> ——大卫·赛福(David Sive),1988

所有这些,因何而起呢?

我们成长于20世纪40年代后期,当时我们都知道世界将如何毁灭。一道闪光、一声巨响、炸弹爆炸了,我们飞上天空。为了活下来,我们必须按照政府拍摄的电影所教导的逃生技巧,钻到课桌底下。我们坐在教室的后排,虽然我们觉得这样的训练有些问题,但还是这样练习。不管是我们自己私下议论还是向他人求证,大多数人都觉得我们不可能活到老年。

此后又过了二十多年,我们听说土地受到毒物污染、伊利湖(Erie)死亡、河流失火,也听说烟雾在伦敦导致很多人死亡,还听说匹兹堡(Pittsburgh)连续数周都有很浓的烟雾,政府要求人们尽量不要出门。秃鹰已经濒临灭绝。棕色鹈鹕(Brown Pelican)是

| 夺回伊甸园

路易斯安那州的吉祥物,但是杀虫剂导致这种动物两度濒于灭绝。油污覆盖了圣巴巴拉(Santa Barbara)海岸,装化学品的旧罐子被偶然发现了,畸形的幼鸟纷纷死亡。这似乎是另外一种死法,连炸弹都不需要。我们可以在报纸上看到,也能在家门口闻到,只要我们继续保持这种生活方式。

又过了一段时间,在1970年4月的一个春光明媚的周末,好像是变魔术一样,五十多万人涌上华盛顿特区的国家广场。有的人独自前往,有的人全家出动。这些都是在国庆日上街游行的普通民众,一生从未抗议过任何事情。但是这一次,穿着沙滩短裤的男人、推着童车的母亲、儿女已经成年的老太太、嬉皮士、直人(Straights)、坚定的环保人士、看热闹的人,各色人等汇成了人海,自制的标语和横幅从华盛顿纪念堂一直延伸到水池的另一边。他们对于发生在周围的一切感到不满,希望早日停止。然而,政府在前进的车轮上昏睡,麻木不觉。

每个人对于地球日活动都感到吃惊。美国联邦调查局坚信地球日活动受到共产党人的影响,在广场周围观察,记下了参与者的姓名。在全国各地又接二连三地发生了相似的抗议活动,而且民权运动、越南战争所导致的骚乱当时还没有完全停止。美国年轻人当时创造了一个新词,"生态怠工破坏行为"(ecotage),并且寻找为了表达生态环境保护诉求而进行破坏行为的可能目标。这同样有可能导致丑陋行为。

接着,另外一件非同寻常的事情发生了。美国没有出动军队,而是采用了另外一种方式予以回应。美国允许抗议污染的人们将政府告上法庭,他们的利益诉求最为强烈。普通公民,也就是在国家广场参加抗议活动的任何人,都可以在法院与强大的美国政府开展针锋相对的斗争,要求保护环境。这个想法是革命性的。

曾经有一些先例,但是非常少。法律援助团体、美国全国有色人种进步协会(NAACP)曾经代表自己的客户起诉美国政府。更近一些的案例是,城区业主就高速公路侵入社区提出质疑。甚至联邦检察官也采取了行动,对于纽约市和华盛顿特区的污染者提起诉讼。这类诉讼越来越多了。但是,为了保护自己并不享有所有权、仅仅与他人分享的环境,任何人都可以提起诉讼,这个观念仍然是让人吃惊的。很快,美国环保协会(Environmental Defense Fund)、自然资源保护协会(Natural Resources Defense Council,NRDC)等环保组织犹如雨后春笋般地出现了,并且开始胜诉。

就像他们以前对地球日活动感到吃惊一样,政府及其产业界的盟友对于这些发展也感到非常吃惊。这影响到大笔财富。原子能委员会(Atomic Energy Commission)、陆军工程兵团(Army Corps of Engineer)等强力机构的形象也受到影响,更不要说支持这些机构的政客的形象了。因此在那年秋天,在没有事先警告的情况下,不知道是受到了什么刺激,联邦财政部提出,将取消提起环境诉讼的社会团体的慈善机构资格。这可是"放大招"了。取消慈善机构资格,捐赠人就不能就其捐赠获得免税待遇,这将导致这些环保社团失去资金来源,也将使很多环境案件胎死腹中。这些环保社团奋力回击,并在国会中结成联盟。来自纽约州的贾维茨(Javits)参议员说,"在街头抗议的那些孩子们,除了搞破坏之外,没有什么其他表达抗议的渠道",诉讼、赋予公民为了保护公共利益而提起诉讼的主体资格,就是这个国家对此情况的回应。联邦财政部长退缩了。

回首过去,环境诉讼并不是与生俱来的。首先一个障碍就是诉讼主体资格。在20世纪60年代初期,环境问题初现端倪时,大多数人都没有起诉政府的原告主体资格,这包括在华盛顿国家广场参加抗议活动的所有人,尽管他们觉得因为环境污染再次遭受伤害。最终在1965年,法院作出了迥异以往的判决,认为这些人也有原告主体资格。该判决就是针对暴风王山案作出的,本书将其作为第一个案例。接着,其他国家的法院也作出了此类判决,这就更加不可思议了。

这些案件,不是宏大战略的结果,也不是按照计划提起的。相反,不论是在加拿大、俄罗斯、远东,还是在地球南端的火地岛,都有一些人深信,公民也应当有权通过诉讼保护环境。他们并不期待因此获得经济利益,如果他们想获利的话,就不会这样做了。与他们的美国同行相比,这些人可以援引的法律更少,面临的现实压力更大。有些人甚至因为鼓励民权惨遭拘捕。在莫斯科,一位优秀律师因为环境诉讼几近破产。本书讲述的另一位律师,在海上拦住一艘非法砍伐森林的船舶,作出书面记录,为提起诉讼做准备。几年之后,他最亲近的一个同事在家门口惨遭杀害。这并非鲜见。

从一定意义上讲,本书就是他们的故事,也是环境保护如何在最难预料的地方出现的故事。从暴风王山开篇,哈得孙河高地的发电厂为本书拉开了序幕。然后,我们讨论了一个日本案例,在该案中，为了保护神社中的古木，人们对该国最为强势的建筑部门提出质疑。接着，来到菲律宾，讲述欧博萨及其孩子的故事，以及正在消失的热带雨林。此后，来到加拿大，三级阶梯水力发电站，每个都是一次伤害，加拿大联邦政府也因为该案确立了联邦环境保护职权。本书还讲述了与印度的泰姬陵、俄罗斯的列宁树有关的环保故事。在希腊，河神仍紧握着阿刻罗俄斯河的命运。最后，我们来到智利，来到地球最南端的森林，讲述延龄草项目案。

我选择讲述这些案件，因为它们开启了新的道路，也因为它们涉及非常的地方、非常的事情。但是，我写这些案件，更是为了赞颂这些故事的主人公，他们不畏强权，仗义执言，仗剑而行，保护我们的自然世界。我们的自然世界，其美无以言表，其价无以复加。追随着先行者的步伐，我们绝不回头。

STORM KING

第一章

暴风王山
（美国）

> 对任何一个了解她的人来说，哈得孙河都是地球上最美丽富饶的河流，同时也是最杂乱无章，最被人熟视无睹，最令人惊叹的河流。哈得孙河是独一无二的，对一些人来说，当然也包括我自己，任何河流也比不上她。哈得孙河，就是河流的代名词。
> ——罗伯特·博伊尔（Robert Boyle），哈得孙河渔民协会创始人

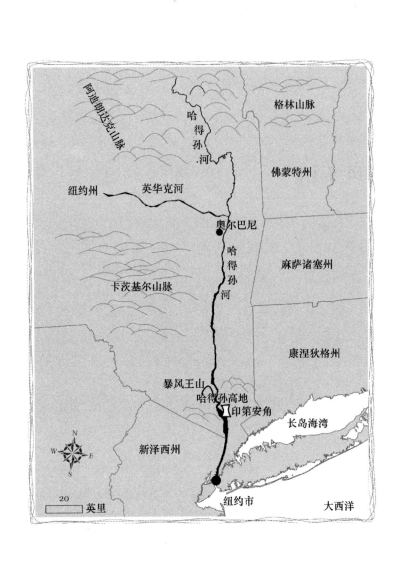

壹

20世纪60年代早期,位于纽约市的爱迪生联合气电公司(Consolidated Edison)作为美国最大的电力公用企业,宣布将要在暴风王山(Storm King Mountain)建造世界最大的抽水蓄水式水力发电站。该发电站遭到当地居民和渔民的反对,居住在这里的人们深爱着哈得孙河高地,而渔民则以这条河流的渔业为生。他们组成统一战线,并产生了一些"只会发生在美国的奇迹"。难以想象的是,他们获得了最终的胜利。

哈得孙河发源于北部的阿迪朗达克山脉(Adirondacks),绵延300多英里,流经曼哈顿岛,最终汇入大海。在河流长度刚过一半之后,哈得孙河从奥尔巴尼(Albany)附近的崇山峻岭中奔流而出,高程已经降到海平面的高度,从而在纽约港的上游形成了一个长达150英里的入河口,同时也造就了世界上最大的内陆水道之一。在长达两个世纪的历史时期,哈得孙河为美洲殖民地提供了贸易通道,同时也是美洲殖民地的主要战略防线。英军与美军在河水两岸交锋,建造工事,发起攻击。美国革命的很多历史故事,都

夺回伊甸园

与哈得孙河流域的一些地名有关,比如怀特平原(White Plains)、萨拉托加(Saratoga)、提康德罗加(Ticonderoga)、本尼迪克特·阿诺德(Benedict Arnold)在西点要塞(West Point)的叛变。*梵·科特兰德(Van Cortland)家族、斯凯勒(Schuyler)家族等荷兰后裔名门望族都曾居住在哈得孙河沿岸,深深地影响了当地的风俗习惯。1825年,伊尔(Erie)运河将哈得孙河与五大湖和俄亥俄州连接起来,从而使贸易之路可以经由纽约城而到达世界各地。在美国还有比哈得孙河更大的河流,但是只有哈得孙河在美国形成之初就发挥了重要作用,成为美国的发祥地。

然而,贸易之便仅仅是哈得孙河的一个方面。在奥尔巴尼下游90英里的地方,暴风王山守卫着哈得孙高地的入口,河水绕山而出,山水风光举世闻名。哈得孙河蜿蜒曲折地穿过断崖峡谷,沿岸峰峦夏绿秋红,群山连绵入天际。早期欧洲旅行家对此奇景大加赞叹。在德国旅行家巴德科(Baedeker)笔下,哈得孙河"比莱茵河还要宏伟,还要令人振奋"。哈得孙河也在画作中获得生命,以其为素材的画家主要包括科尔(Cole)、丘奇(Church)等人,这些画家在作品中突出了哈得孙河的原生态自然美。来到哈得孙河岸的人们,相比奔腾的河水是如此渺小,他们无不惊叹于眼前的景色,仿佛这一切都是来世所见。

---

* 这些地名在美国独立战争史上具有重要意义。比如,华盛顿率领的美军与威廉·豪率领的英军在怀特平原打过一场大仗,但是美军战败(1776年10月28日)。1777年10月,萨拉托加大捷,美军胜利。提康德罗加是美国东北部通往内地的一条必经之路,在独立战争中,该堡垒发挥了重要作用,因此多次被用作美国海军舰艇的名称,比如提康德罗加号航空母舰。——译者注

第一章 | 暴风王山
（美国）

他们确实惊叹于此。英国著名女演员范妮·肯布尔（Fanny Kemble）于19世纪30年代游历了哈得孙高地，她在日记中写道"雄峰的阴影笼罩着我所站立的高地"，"突然之间，影子慢慢落在山坡的阳面，闪闪发光的河水染上了浓重的墨色，随后影子又慢慢地爬到河流对岸的山坡上了"，然后又是艳阳高照。"我欲展臂高呼、顶礼膜拜、忘情所以、如痴如醉"。这就是她初见暴风王山的体验。

这种体验是绝妙的。哈得孙地区的最初探险者维拉扎诺（Verrazano）被自然的芬芳迷醉，说天地间"散发出最甜的香味"，尽管他当时与很少洗澡的船员窝在一起，并且船上还冒着他们自身粪便的臭味。早期造访曼哈顿的一位荷兰旅行家这样形容他与哈得孙河的第一次相遇："空气中甜甜的香味让我们久久伫立，然而我们却不知所面对的为何物。"他们不仅仅是看见了花园，他们是身在花园之中啊。并非巧合的是，这里后来诞生了美洲第一部园艺书籍和第一个园林景观建造师弗里德里克·劳·奥尔姆斯特德（Frederick Law Olmsted）。这位园林景观建造师的基本创作原则与哈得孙河画家们是一致的：景观以自然为佳，越自然越好。

对于暴风王山水电站项目的反对者来说，所有的这一切都深深植根于他们的基因和思维模式里。在他们的身后，没有什么法律撑腰；在他们的面前，却是令人胆寒的对手。

夺回伊甸园

康沃尔（Cornwall）水电站计划：为了明日的能源与美景！
——摘自爱迪生联合气电公司为暴风王山发电站项目制作的宣传册

  对爱迪生联合气电公司的经理们来说，这个发电站计划是符合逻辑的，也是无害的。该公司主要为纽约市地区供电。居民增加、空调、递减式的阶梯电价安排等都导致用电需求的飙升，供应缺口越来越大。递减式阶梯电价是一个鼓励消费的价格安排，因为用电越多，每度电的平均价格越低。为这座城市提供制冷、制热和照明用电，该公司颇为自豪，并将其位于曼哈顿下城的总部大楼命名为"光之塔"。面对增长的用电需求，爱迪生联合气电公司没有选择新建一座煤电厂，也不想费神获取相关政府批复以新建一座核电厂，而是选择在暴风王山上建设一座抽蓄水式水电站。

  该项目的原理很简单。在用电需求较低时，公司利用电网中的电，通过长达两英里的管道，将水从河流抽到位于暴风王山山顶上的蓄水库中。当用电需求达到顶峰时，将蓄水库里的水放出，沿着管道流入发电室，将势能转化成电能。利用暴风王山水电站生产两度电将需要传统发电站生产的三度电，但是这三度电的成本很低，而这两度电却可以卖上一大笔钱。对爱迪生联合气电公司的工程师来说，哈得孙高地是蓄水的理想地点，而暴风王山仅仅因为其大小

第一章 | 暴风王山（美国）

合适就成为绝佳选择。

他们预计不会遭到什么反对。该计划既不会产生污染，也不存在核泄漏风险，并且为需求渐长的客户群提高了服务质量。在行政规制方面面临的唯一障碍就是联邦能源委员会。该委员会负责为这些建设设施颁发许可证，但是长久以来，它已经和作为监管对象的公共事业企业难以区分开来。该委员会对监管对象采取了遵从的态度。该委员会的一位联邦政府官员在谈到该机构对执法并不热心时说道，"我们是在跟产业界的高官打交道，你不能如此对待这些人"。引起双方交战的导火索是一位爱迪生联合气电公司的雇员对该项目所画的一幅草图。在该图中，暴风王山的一侧像是被吃掉了一大口，以便建设一座大型发电室，输电线遍布山体，就像一条条触角。哈得孙河高地的居民本来已经对有关该项目的一些小道消息感到紧张，看到这张草图之后情绪立马爆发了。

哈得孙高地的居民们无所适从。反对情绪日盛，一小部分人聚集在一起，创立了哈得孙河景观保护会议（Scenic Hudson Preservation Conference），并且做了他们知道怎么做的一件事，那就是聘请一家公关公司。他们掌握了一些手段。一些美国标志性的名门望族居住在哈得孙高地，包括J. P. 摩根（J. Pierpont Morgan）、杰伊·古尔德（Jay Gould）、威廉·艾夫里尔·哈里曼（William Averell Harriman）、约翰·雅各布·阿斯特（John Jacob Astor）、科尼利厄斯·范德比尔特（Cornelius Vanderbilt）、约翰·J. 洛克菲勒（John J. Rockefeller）。我们落下谁了吗？不久之后，哈得孙河景观保护会议与爱迪生联合气电公司开始打出口号，相互嘲讽。爱迪生

夺回伊甸园

联合气电公司打出"我们必须挖!"的口号,哈得孙河景观保护会议就回应"他们一定不能挖!"公关公司向爱迪生联合气电公司发起攻击,用《财富》(*Fortune*)杂志的话来说,"所有人都乐于厌恶这家公司"。爱迪生联合气电公司紧跟着还击,给批评者贴上"缺乏知识的观鸟者、打着自然名号的骗子、土地掠夺者、反对进步的挑衅者"等标签。一位反对者在公开听证中宣布自己是一名观鸟人,但是爱迪生联合气电公司却说他所观看的都是"秃鹰和兀鹫"。然而,相互辱骂也仅到此为止。

哈得孙河景观保护会议还聘请了一名律师。他们聘请的律师是一名前联邦能源委员会委员,名叫戴尔·多谛(Dale Doty)。这位律师在卸任联邦能源委员会委员职务之后,代表公共事业企业办理与联邦能源委员会有关的业务。这确实是个不错的选择。多谛是个可靠的律师,他现在的问题是,即使他的客户拥有深厚的社会支持和财政资源,但却没有多少法律上的支持。国会已经认为电力项目对于国家的发展具有重要意义,并授权联邦能源委员会"根据自己的判断"认为项目在商业、水力以及其他"有益目的"方面符合公共利益的情况下,许可电力项目。难以想象还有比这更加遵从、更加体现"你爱咋办就咋办"的标准。诚然,国会已经增加了有关考虑休闲娱乐利益的文字,但也仅此而已。对于哈得孙河景观保护会议以及其他公民是否有权参与联邦能源委员会的审查过程,国会未置一词,更不用说他们是否有权利就政府部门的决定诉诸法院了。

实际上,多谛和他的客户只能说他们不喜欢暴风王山项目。这

第一章 | 暴风王山
（美国）

在情感上具有一定的感召力,但是在法律上却没有什么支撑。出乎意料的是,他们后来得到了上帝的恩典。

我认为就单位长度而言,美国的任何一条河流在历史、艺术,也许还有文学方面,都没有哈得孙河深厚。她的多样性和深厚底蕴,从其地名就可见一斑。这条河流曾有过很多名字,包括印第安语、法语、英语等不同语种,有以人名、部落命名,也有以山命名的,还有以方向命名的。在河流两岸,没有比暴风王山更具有深厚历史底蕴的地名了。亨利·哈德逊将其称为克林克斯堡（Klinkersberg）,但是荷兰定居者将其称为黄油山（Butter Hill）,而19世纪的"公子哥诗人"N. P. 威利斯（N. P. Willis）觉得这些名字不能展示这座山雄镇下游的气势。根据一位记者的说法,他"很冷血地将这座山命名为"暴风王山。

——威廉·李斯特·哈特蒙（William Least Heat-Moon）

哈得孙河还有另一面的传奇。哈得孙河13500平方英里的面积滋养着美洲鲱鱼、鳟鱼、灰西鲱、青蟹、鲱鱼等物种,这些都是大西洋海岸的经济渔业水产品。就像所有河流的入海口一样,淡水与海水在这里交汇,来自上游的营养物质以及海水的潮汐作用,使这片水域成为世界上物产最为丰富的水域之一。哈得孙河入海口向内陆延伸的长度远远超过其他河流的入海口,将电动翻车鱼（electric moonfish)、加勒比海马（Carribbean sea horses）等珍稀海洋生物带到内陆高地地区。北至缅因州，南至卡罗莱纳州，都能够捕捉到经由哈得孙河溯游而上的水产品。哈得孙河自古以来就是一个渔场。荷兰探险家曾发现被丢弃的牡蛎壳堆积如山，高达 12 英尺。正如一名旅行家曾经这样描述哈得孙河两岸的印第安部落，"他们从来不怕饥荒。"

接下来我们要谈一谈条纹鲈（Striped bass）。这种鱼的身体形如炸弹壳，拥有拳击手般的耐力，身体可以膨胀至惊人的体积。印第安人用沼泽植物的茎制成网兜，系上石头，将网兜沉入水中，捕捉条纹鲈。正如荷兰观察者所记载，由于这种食物独具美味并且能使女人变得很有风情，因此成为他们最为喜爱、最负盛名的食物。荷兰观察者继续写道：男人们捕鱼归来，将这种特别的食物交给女人们，而女人们都急切地盼望能得到这种食材。如今虽不见报道说男人给急切盼望的妻子带回条纹鲈，但是本地的人们对这种鱼的狂热不减。在东北地区很多家里，女人就像寡妇一样独自在家看书或者看电视，而男人则在礁石上、荒凉的河滩上，甚至还冒着雨，努力捕捉条纹鲈，大大的条纹鲈。

一个名叫罗伯特·博伊尔（Robert Boyle）的自由撰稿人曾为一本名为《运动画报》（*Sports Illustrated*）的杂志来此寻找素材，撰文描写哈得孙河，并揭示了条纹鲈与暴风王山之间的紧密关系。人们一直不抱期望，纽约港一向被视为污水坑，这里早就没有了海生生物的踪迹。然而令博伊尔惊讶的是，他在这里发现了鱼类，甚至还在乔治·华盛顿桥这样靠南的地方发现了从事商业捕鱼的渔

第一章 暴风王山
（美国）

民。更加值得在杂志中报道的是，他还发现在曼哈顿下城也有人在下水道入河排污口钓条纹鲈。这些垂钓者常用怀旧的口吻说，过去在七十二街同时会有 40 多人垂钓。正是这些人改变了博伊尔的一生。

罗伯特·博伊尔，自由作家，对哈得孙河下游的渔业状况开展了调查，参加了暴风王山诉讼。他后来成立了哈得孙河渔民协会，该协会在暴风王山诉讼中发挥了重要作用，并且此后继续关注哈得孙河的清污工作。照片由罗伯特·博伊尔提供，摄影者为埃尔金·司阿匹（Elgin Ciampi）。

不久之后，博伊尔开始撰写文章描述这里的商业渔民在星星监狱（Sing Sing prison）几百英尺开外的废弃矿坑中捕鱼。他还揭露了一连串的非法倾倒、排放有毒物质污染河水的行为，让人心情沉重。他还挖掘出有关该河鱼类数目和产量的数据，特别是暴风王山附近哈得孙高地河水入口处的鱼类数据。博伊尔当时已经听说了暴风王山发电站以及反对的声音，但他自己却有一些其他的顾虑，特别是爱迪生联合气电公司的水泵每天从哈得孙河抽取 60 亿加仑的水，很多鱼被吸进水泵，再也无法生还。

1964 年年初，博伊尔已准备好要采取行动，他走进了哈得孙景观保护办公室。博伊尔从前是一名水兵，有一些粗鲁，但却充满热情。他手中掌握了很多实情。他说，你们还不知道啊，渔民才是这场交易的真正受害者。办公室的工作人员听完他的讲述，目瞪口呆，最后其中一个人站起来，带着怪异的笑容说道："爱迪生联合气电公司将会使这里的鱼类灭绝！他们会杀死这里的鱼！"博伊尔后来说，他们当时这样说话的样子"就像丘吉尔听闻日本偷袭了美国珍珠港"。哈得孙景观保护会议终于找到了同盟军，他们将重整军队，再次进发。

肆

哈得孙景观保护会议亟需得到所有能够获得的帮助。联邦能源委员会的听证会进行得并不顺利。爱迪生联合气电公司首先对哈得孙景观保护会议出席听证会的资格提出异议。联邦能源委员会驳回了这个异议，因为哈得孙景观保护会议的代理律师戴尔·多谛就曾经是联邦能源委员会的成员。在这一次以及接下来的多场听证会上，戴尔·多谛强调了暴风王山的美学价值。一位来自耶鲁大学的证人形容暴风王山"就像是从水面跃起的一头棕熊，花岗岩山顶就像活的一样，充满了野兽般的力量"。接着，他又将暴风王山与希

第一章 | 暴风王山（美国）

腊神话中的神山进行类比。对爱迪生联合气电公司的代理律师来说，该组证词与案件无关，就像哈得孙景观会议出席听证会与案件无关一样。爱迪生联合气电公司的律师问道："为什么我们需要浪费时间听人说这是一个具有历史价值的地方呢？"然而，哈得孙景观保护会议的证人仍被允许出庭作证。这片地方具有深远的历史意义，风光迤逦。不论这些都意味了什么。

正如大家所预料的那样，联邦能源委员会于 1965 年 5 月通过了爱迪生联合气电公司的水力发电计划。这项决定的益处是看得见的、切切实实的。关于美的观点自古都是相反的，而在这项水力发电计划中对美的损害也是轻微的。事实上，爱迪生联合气电公司请出了自己的景观设计师，这个景观设计师在向联邦能源委员会作证时说，山顶蓄水池的尺寸正好对山体起到了装饰作用，因为"任何面积更大的湖泊都比小湖更加美丽"。至于对这里的渔业是否有影响，则是渔业专家的工作。爱迪生联合气电公司就聘请了一位专家，这位专家宣称水力发电工程对渔业的影响极小。更何况，公司还承诺在抽水管道口设置挡鱼滤网，以阻止鱼类被吸入管道。委员会的这项决定似乎是毫无悬念的。

所以哈得孙景观保护会议将战场转向了政治舞台。它请求州立法机关的一个委员会对这一决定组织听证会。就在此时，博伊尔有了令人惊喜的发现。那一年的冬天尤其难熬，鱼群为了找寻温暖一些的河水，纷纷游向爱迪生联合气电公司印第安角核反应堆设施的巨大引水口，而这个引水口距离暴风王山山脚仅 15 英里。为了阻止鱼群游进反应堆取水口，爱迪生联合气电公司也在引水口处设置

夺回伊甸园

了挡鱼滤网。这个挡鱼滤网就像暴风王山项目设计的挡鱼滤网一样,但却成了杀死鱼群的机器。博伊尔听说了有关印第安角鱼群死亡的传闻,决定去一探究竟。他得到了一些照片,照片中有成堆的死鱼。这些死鱼都是从核反应堆引水口处铲出来的,如果不将这些死鱼铲开,引水口就没法正常工作。更糟糕的是,死鱼堆中有大西洋海岸的鱼中之王——条纹鲈。博伊尔和新近组建的哈得孙河渔民协会拿着这些报告和照片要求联邦能源委员会重开听证会。虽然他们的要求被拒绝了,但是这些证据被记录在案,并且在法院对联邦能源委员会的决定进行司法审查的时候,这些证据为他们提供了一支利箭。

哈得孙景观保护会议早就预料到联邦能源委员会将会颁发许可,所以联邦能源委员会刚刚决定颁发许可证,哈得孙景观保护会议就向位于纽约市的联邦巡回法院提交了司法审查申请。一位来自哈得孙高地的赞助人为这次行动提供了资金,但是赞助人也提出一个条件,即该案件由他们非常信任的一位名叫劳埃德·K. 加里森(Lloyd K. Garrison)的律师代理。这位律师是纽约市最高端的一家律师事务所的创始合伙人。加里森曾经是一名优秀的公务员。他还是公立教育的领袖,经常代理与政府发生争议的当事人。他曾在原子能委员会和国会为原子弹之父——罗伯特·奥本海默(Robert Oppenheimer)辩护。根据在暴风王山案件中与他共事的一位助手的说法(这位助手在加里森之后继续办理暴风王山案件长达十几年之久),他还是该领域最杰出的作家之一。加里森的加入,使这次诉讼如虎添翼。在诉讼文状中,加里森也采取了大胆的做法。

第一章 | 暴风王山
（美国）

当阿尔伯特·巴策尔（Albert Butzel）刚到加里森的律师事务所工作几个月的时候，他被要求协助加里森办理暴风王山诉讼。当时他刚从哈佛法学院毕业不久，在公司法律部的工作并不出色，对工作深感压力，并且开始一包接一包地抽烟。但是现在他开始面对诉讼案件。他后来回想道，"参与那些使我必须出庭的案件，一度是我的噩梦"。更加糟糕的是，他和加里森都知道，在这次诉讼中他们极度缺乏可援引的前例，所以加里森派他年轻的助手去寻找一些可用的案例。在几周的徒劳无功之后，巴策尔终于找到了一个可用的案例，这个先例似乎表明联邦能源委员会有责任根据自己的判断对案件争议进行审查。这就意味着，哈得孙景观保护会议并不负有证明争议的项目对哈得孙高地或者条纹鲈渔业资源造成不可修复的损害的举证责任。一旦这些疑问被提出，联邦能源委员会就不能再局限于爱迪生联合气电公司所提供的证据，而应该自己去调查，发现证据，得出结论。这在巡回法院司法审查的时候是一个重要的理由。当然，这并不是说能源委员会做了错事，而是说它并未完成分内之事。

加里森这回该开心了，让法庭基于实体错误撤销能源委员会的决议恐怕是不可能的，但是让法庭以能源委员会没有履行适当的程序为由撤销能源委员会的决定至少还有一线希望。在这点上，加里森是一位现实主义者，他认为这次诉讼最多有10%的胜算。

夺回伊甸园

伍

如何主张上诉理由是颇具技巧的。上诉时没有时间阐明所有的论点，而加里森的选择有二：一是将重点放在能源委员会在程序方面的技术性失误上，这个失误可能构成法律错误；二是将这个问题留在代理词中讨论，而在庭审时从更广泛的角度讨论能源委员会的决定是否符合"公共利益"。以公共利益为论点是要冒很大风险的，因为它可能就不是一个法定标准。不管是法院也好，还是其他人也好，谁又能告诉能源委员会公共利益究竟是什么呢？但是这个路径能够为加里森提供一个机会，以便向法庭大肆兜售哈得孙高地在历史、美学上的重要地位。

加里森决定孤注一掷。如果他在感情上赢得了法庭的支持，然后再指出能源委员会在法律技术上的疏漏，法院也许最后会判决他胜诉。爱迪生联合气电公司的律师则抛出了他们的王牌，强调能源委员会拥有作出此类决定的法定权力，能源委员会则以其决定的合理性作为自己辩论的焦点。法官对此持怀疑态度。法庭问能源委员会是否认为该项目实际上将为暴风王山锦上添花，爱迪生联合气电公司的律师作出了肯定的答复，说这就是能源委员会的观点。法官们互相看了看。这时巴策尔看了加里森一眼，但是发现他面不改色。在法庭辩论结束之后，加里森信心略有增加，他认为有三分之一的胜算，但他也说"别抱太大希望。"

第一章 | 暴风王山
（美国）

三个月之后，上诉法院作出了判决。判决书开篇说道：暴风王山项目所在的地方，"拥有非凡的美景和深厚的历史底蕴，是世界最佳的河景所在"。可见法庭确实接受了加里森的论点。法院紧接着接受了加里森的其他观点，作出了对爱迪生联合气电公司和能源委员会不利的认定，并且预示着当时尚未出现的一个法律部门的到来。

法庭认为，尽管哈得孙景观保护会议对于诉讼标的并无经济或财产利益，但是仍然享有质疑能源委员会决定的主体资格。能源委员会坚持辩称，如果"任何利害关系人或组织"都可以质疑其决定的话，政府将会"严重受损"。法院认为，不管是《宪法》还是《联邦电力法》，都没有要求诉讼参加人必须对结果具有经济上的利益。那些"以其活动或者行为"表明对该地存在"特殊利益"的人，应当享有主体资格。公众自己可以保护公共利益。这一突破使得法院的大门向全新的一类原告敞开，环保主义者将会涌来。

在实体问题上，法院为"公共利益"标准注入了新的生命，认为能源委员会在审查类似哈得孙水力发电站项目时，应当考虑达到目的的替代方案。审查部门也许可以认为在暴风王山建造发电站是最好的选择，但是这也必须是在充分考虑其他各种选择之后才能得出的结论。这项义务也成为环境法的另一项原则。湿地开发的替代方案、污染控制的替代方案，这些替代方案都要求老的机构作出新的决定。

基于相同的思考，法庭斥责了能源委员会，因为它对爱迪生联合气电公司中的朋友们提出的主张照单全收，直接拒绝了反对方提出的意见,而反对方提出的意见本来足以让其停下来思考一下。法院指出,尚未解决的渔业资源争议就是一个适例。联邦能源委员会不能把自己当成裁判,根据两方的比分作出决定。联邦能源委员会自己应当开展调查、发现事实。仅仅几年之后,哥伦比亚特区联邦上诉法院在"卡尔弗特悬崖"(Calvert Cliffs)案中逐字逐句引用这段话,包括有关裁判员的比喻,从而使得环境保护成为整个美国联邦政府的一项责任。

陆

哈得孙景观保护会议的胜利是短暂的。联邦能源委员会被法院要求重新作出决定。在重新作出决定时,爱迪生联合气电公司对发电的替代方案进行了详细的研究,并且组建了一个研究渔业影响的政策委员会。不出所有人的意料,爱迪生联合气电公司发现水力发电站计划的其他替代方案都不可行,而且此建设项目对渔业的影响也是微乎其微的。爱迪生联合气电公司将考虑公众的关切,将发电室安置在地下,让输电缆远离提出反对意见的居民区,重新设计挡鱼滤网,并且就地建设休闲设施供公众使用。能源委员会似乎被感动了。在重新开始举行听证会时,能源委员会的律师跟加里森打招呼说:"我们的大英雄,你已经让那个狗杂种发电室躲到地下了。现在你可以让他们建设发电站了哈?"能源委员会的态度基本上没有改变。

第一章 | 暴风王山
（美国）

当然了，能源委员会重新核发了建设许可证。哈得孙景观保护会议这次也找到了新的同盟：纽约市政府、帕里塞兹州际公园委员会（the Palisades Interstate Parks Commission）、好几家全国性环保组织。他们联合博伊尔的哈得孙河渔民协会一起提起了上诉。这一次他们失败了，合议庭意见不一，认为能源委员会已经一丝不苟地处理了问题，而联邦电力法案也没有更多的要求。这一次法官并没有让他们自己被自然美学一说蒙蔽了双眼。在判决书中，多数派法官认为"保护自然景观（免受最轻微的损害）"是一项政策性要求，不论他们的个人看法如何，都不能将他们自己的观点强加于联邦能源委员会。持不同意见的法官认为此项目有两处明显的不足，正如爱迪生联合气电公司所说，发电站项目可能会很好地融于暴风王山的自然环境之中，但那些水泥建造的防水渠以及衔接处的桥墩就像一个足球场那么大，超过八分之一英里长，足有三层楼那么高，显然对于暴风王山是不合时宜的。联邦最高法院驳回了再审请求。

如果不是因为爱迪生联合气电公司的其他项目出了问题，事情到这里也许就结束了。在暴风王山项目的诉讼进程中，爱迪生联合气电公司也请求另外一个联邦机构，即原子能委员会，批准在印第安角建设第二座核反应堆。哈得孙河渔民协会加入了反对的行列中，他们提供了大量证据，证明大量的鱼在原有反应堆进水口死亡，并且被挡鱼滤网吸入的幼鱼的死亡率非常高。在"卡尔弗特悬崖"案的影响下，原子能委员会对这项申请进行了严格的审查。他们又发现了一个爆炸性的问题。印第安角核电站的问题已经够严重了，但是对爱迪生联合气电公司来说更加严峻的局面还在河水上游。原子能委员会的工作人员发现，以前的预测假定对环境的影响是可以忽略不计的，但是这一假定事实上完全不成立。简直是错得离谱。

假设这是一个错误，那么这就是一个根本性的错误。哈得孙河是一条定期潮涨潮落的河流，这一点却被联邦能源委员会以及先前的法院判决忽略了。实际上，哈得孙河河口每天不止有一次潮汐，而是有两次，这就意味着河中的小鱼和年幼的鱼类整天都随着涨潮退潮被河水冲上冲下，穿过印第安角和暴风王山两个功率强大的取水口。鱼类被暴露在取水口的频率是以前估计的十倍，预测总体死亡率不应是以前预测的3%，而应是40%。原子能委员会还发现哈得孙河养育着东海岸超过半数的条纹鲈，在核电站开始运行的头十年内，条纹鲈的数量将减少三分之一。基于以上发现，原子能委员会准备要求爱迪生联合气电公司循环利用印第安角核电站的冷却水，而不是像过去那样每次都从河水中抽取新的冷却水。这项要求令爱迪生联合气电公司胆战心惊，如果爱迪生联合气电公司旗下所有的核反应堆全都用上封闭式的循环冷却装置，这将是一项巨大的花费，公司需要再投入五亿美元建设费，且每年还需多花1.8亿美元的运行费用。这还不是成本的全部，因为暴风王山的引水口是印第安角核电站的两倍大。

有了印第安角核电站的发现，哈得孙景观保护会议和渔民协会毫不迟疑地返回联邦能源委员会，要求重开听证，重新审查暴风王山案。哈得孙景观保护会议要求举行一个全新的听证程序，而渔民协会提出了一个颇有策略性的请求，它只要求联邦能源委员会在审

第一章 | 暴风王山
（美国）

查过程中引入有关渔业的新证据。能源委员会拒绝了这两个团体的请求，所以他们再一次提出了上诉。1974年5月，进行司法审查的法院将上诉请求一分为二，拒绝了将所有程序再走一遍的请求，而接受了专就渔业问题进行再审查的请求。

爱迪生联合气电公司与联邦能源委员会如今陷入了僵局。两千五百万美金已经投入在先期建设上了，但是这项工程还面临着一些附带问题，包括水质许可、联邦清淤和充填许可以及如何遵守刚刚制定的《国家环境政策法》。原告方，即哈得孙景观保护会议和渔民协会等团体，在与大型公共事业公司和固执己见的政府机构的法律机器、公关团队进行了十多年的反复抗争之后，也进入了疲惫状态。是时候做个了断了。就在这个时候，另一位名叫罗塞尔·特雷恩（Russell Train）的杰出纽约客出现了。他曾在尼克松手下担任联邦环境质量委员会的主任。特雷恩受到各方的信任，劳伦斯·洛克菲勒聘请他来调停这场争论。历经一年又八个月的艰难谈判，参与者包括联邦政府官员、四个州政府部门、一些公共事业企业，还包括一些参与诉讼的环保组织。1980年12月，他们终于达成了《哈得孙河和平条约》（*Hudson River Reace Treaty*）。考虑到参与者众多，签字仪式在曼哈顿市中心麦迪逊大街上的罗斯福饭店举行。罗塞尔·特雷恩认为那是他毕生事业中最成功的时刻之一。

对爱迪生联合气电公司来说，这一协议几乎是全方位的让步。它放弃了暴风王山项目的许可，并将项目捐献出来用于公共休闲。作为回馈，爱迪生联合气电公司将不必在核电站建造封闭式的循环冷却塔，这是它从赌桌上拿走的筹码。另一方面，爱迪生联合气电

夺回伊甸园

公司和其他的公共事业企业同意采取减缓性措施,包括在夏季鱼类产卵期间关闭部分生产设备,捐献 1200 万美元用于哈得孙河的科学研究,并在接下来的 8 年内向河中投放超过 50 万尾条纹鲈小鱼苗,以补充河流中的条纹鲈数量。在协议签署之后,爱迪生联合气电公司董事长查尔斯·F. 鲁斯(Charles F. Luce)承认:"我们输了。"而罗伯特·博伊尔说:"我们赢走了赌桌上所有的钱,而他们只剩下些打车回家的的士费。"

暴风王山案的后续影响更加令人惊叹。法院的判决打开了公民环境诉讼的渠道,宣告的环境原则很快被立法部门接受。尽管这些立法被某些人发自心底地憎恨,但已然成为这个国家日常生活的一部分了。另外,这次环保成功还提供了一种新的借鉴,那就是如同公民权利运动那样运用诉讼手段,将诉讼作为更为宏大的教育和政治过程的一个组成部分。哈得孙景观保护会议的创始人继而又创立了一个名叫自然资源保护协会的公益性蓝筹(blue chip)律师事务所,并且开始为哈得孙河绿色走廊买地。这个绿色走廊从奥尔巴尼到纽约城,绵延 150 英里。加里森的徒弟阿尔·巴策尔并没有停下脚步,另外一些纽约客找到他,共同反对在曼哈顿西部新建一条高速公路。同样的,该项目背后隐藏着数十亿美元的收益,并且得到纽约州每位政客的支持。巴策尔走上了法庭,而后再一次走进了同

第一章 | 暴风王山（美国）

一家联邦上诉法院。巴策尔两审都胜诉，政府两审都败诉，因为政府被发现隐瞒负面信息，特别是有关条纹鲈的负面信息。在州长和市长的支持下，地势较低的西面河岸被重新开发为一个城市公园，而不是汽车通道。

暴风王山一案的影响犹如涟漪效应，越来越大。由《哈得孙河和平条约》捐助建立的哈得孙河科学研究基金会现已着手哈得孙河的渔业恢复工作。一个名叫皮特·西格（Pete Seeger）的民歌歌手驾着他的"清水号"（*Clearwater*）帆船，作为河流监察员在哈得孙河上巡逻。在此影响下，同时也是在佩斯（Pace）法学院法律诊所的支持下，一个名叫"哈得孙河卫士"的污染控制监督机构得以成立。博伊尔的哈得孙河渔民协会继续采用政治活动与科学调查相结合的方式进行斗争，这种强硬的风格已然成为他们的标志。随后他们又与通用电气公司就其遗留的多氯联苯对哈得孙河造成的污染做斗争。这些多氯联苯限制了休闲渔业的发展，完全摧毁了当地的经济渔业，甚至在清理污染的谈判过程中，又在地下埋了十几年。博伊尔甚至开始撰写书籍，继续歌颂这条他热爱的河流，这本书确实值得一读。

也许这次诉讼最难以估量的影响还是心理上的。强烈如对渔业的热情，缥缈如自然美景，同这个国家的商业一样受到法律的平等保护。对这些利益的损害不仅让环保主义者走进了法庭，这些利益在决策时也占有重要地位。自然环境，作为法律应该保护的对象，具有重要意义。

夺回伊甸园

《哈得孙河和平条约》签字仪式。左，弗朗西斯·李斯（Frances Reese），哈得孙景观保护会议主席。中，阿尔伯特·巴策尔，哈得孙景观保护会议的代理律师。右，罗斯·桑德勒（Ross Sandler），代表自然资源保护协会，该机构就是在这次诉讼中得以成立、发展。后排站立者为罗塞尔·M. 特雷恩，为尼克松政府环境质量委员会的第一任主席，担任本次和解谈判的调解人。照片由阿尔伯特·巴策尔提供。

早在1986年，即使是在纽约市这样的纬度，哈得孙河也已经比过去"更加清澈、更加迷人，渔业资源也更加丰富了"。哈得孙河往南延伸，远至杨克斯市（Yonkers）的河段已经开放游泳了。周末，塔潘泽大桥（Tappan Zee Bridge）下，成群的帆船星星点点洒落在水面上，从远处看就像是一群蝴蝶。条纹鲈的数量上升并且稳定下来。据说已经在讨论有限度地开放商业捕鱼活动。然而，多氯联苯还在持续污染着这里的鱼群，还有一些长期排污者需要关停，但对哈得孙河自身来说，它确实赢得了胜利。哈得孙高地是如此美丽，屹立在高地入口处的还是原来那座暴风王山。

NIKKO TARO

第二章

日光太郎杉

(日本)

> 在日光建造一间神社,将我奉为神灵,我将一直守护着日本的和平。
>
> ——德川家康将军

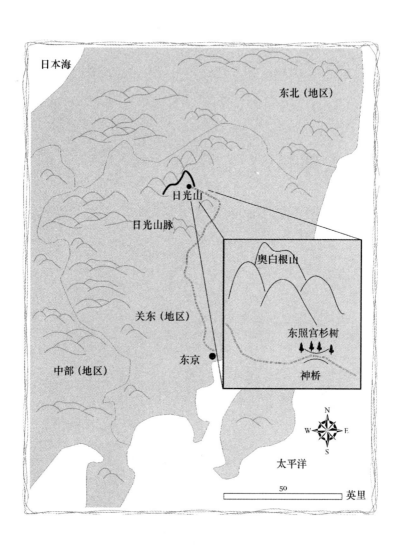

壹

从东京往上经过连绵上百英里的平原,就是一系列的火山了,宛如从苍穹落下的巨幕。这就是日光山,其主峰为奥白根山(Nantaizan)。奥白根山也是日本神道教祭神之地。在日光山脚下,溪水环绕着一片具有六百多年历史的杉树林,是建设神庙的经典之地。这座神庙就是日光东照宫(Toshogu)。日光市就在距离这里不远的地方。

日光市是日本的历史中心,前来旅游的人很多。人们预计,当日本举办1964年奥运会时,大量游客将会来到日本,并挤爆日光市。问题是,从东京过来的道路在经过这片杉树林时收窄为两个狭窄的车道,而杉树林也因为过往车辆伤痕累累。在奥运会期间,交通堵塞会更加恐怖。拓宽道路似乎是明智之举,甚至是不可避免的。

但另一事实是,这里的杉树林是日本历史最悠久的,它们包围着最具传奇色彩的日本将军的神社。因此在通往日光城的这条路上,在日本最强大的政府机器面前,横亘着日本两千多年的传统。

夺回伊甸园

在日本,没有人能对政府建设省说不。事实上,任何人都不能对日本政府任何一个部门说不。不管是立法机关、法院,还是其他任何人,都不会使用"不"这个字。这就是日光太郎杉案在此时此地如此令人瞩目的原因。

贰

这个故事里的主人公400年前就已经离世。而日光东照宫神社就是为这位日本历史上最具影响力的人物所建。事实上,建造它是为了纪念三个人,他们留下了俾斯麦式的传奇,统一了国家,巩固了政权,结束了内战,控制了封建制度下的幕府和武士,实行集权制,使得封建皇帝有名无实,并在日本社会贯彻了一套自己的道德理念和秩序。这三个人中的最后一个就是德川家康,他于1598年掌握政权,从此一往向前。

德川家康,日本将军,德川家康神社以及神社周围的杉树引发了日本法院第一次以环境为由向日本政府发出禁令,该案是日本现代环境法的先驱。

第二章 | 日光太郎杉
（日本）

有一些人会强大到难以想象，甚至是在那样一个充满暴力与战争的动荡不安的 16 世纪的日本，也存在一些强大的人物。德川家康就出生在那样一个家族，内部的封建斗争杀死了他的父亲与祖父。在六岁的时候，德川家康被送到一个盟友家族充当人质，但是没过多久就被另一敌对者绑架，以此要挟德川家族背弃同盟，倒戈相向，否则就要杀死年幼的德川家康。德川家康的父亲拒绝了，他说他儿子的牺牲将会证明家族对同盟的忠诚。他父亲的声势奏效了，他们释放了德川家康。十几岁时，德川家康就已经多次攻城略地，经历过同盟、背叛和政治变幻。他是幸运的，在一次战斗中，子弹打穿了他的甲胄。他经历过大场面，据说他曾经与敌对的首领签订契约，并一同在契约上撒尿宣示。他采用过狡猾的策略，一条日本谚语就是，"德川家康以退为进，赢得了帝国"。

在一路争斗的过程中，德川家康处死了发妻，逼迫长子自裁，大肆屠杀他的敌人以及敌人的家人。在他最终围攻了大阪城之后，他下令杀死所有守城士兵。一位随后来到这里的目击者曾描述当时的情景："从京都到伏见的道路两旁都是死去的武士，他们被插在木棍上，立在道路两旁。"当战争的硝烟散去之后，只有德川家康还屹立在那里。他带来了和平。

德川家康留下了太多传奇。现在东京市区的皇宫，就是他以一府统一诸府的成果。在书籍［在所有描写他的书中，卖的最好的是《将军》（*Shogun*）］、电影、视频游戏中，他被描绘为战斗英雄、富有魔力的领袖、邪恶的化身等形象。更难以置信的是，他还缔造了日本的社会组织结构：姓氏等级森严，服从成为第一要义，社会流动几乎是不可能的。经济发展是第二位的，日本保留了发达的道路网络，但是为了防止叛乱者使用道路，轮式武器是不被允许的。从战乱中崛起的领导者大概认为，最重要的统治原则就是自我保存和维持现有秩序。

在相当长的一段时间里，这种做法确实很有效。在这种限制之下，在德川家康和他的继任将军的统治之下，日本经历了两个半世纪的和平与繁荣。在这个时期，日本甚至同来自葡萄牙和荷兰的冒险者以及基督教传教使团都有贸易往来。但是随着日本对内转向，在农业、商业、宗教和文化方面都实行自给，这些对外贸易都停止了。日本完全依靠自己，自给自足。在公元纪年之后的世界史上，很少有哪个文明能够做到这一点。

当感觉到自己离死亡不远时，德川家康命令在日光山下的那片杉树林中建造一个小型神社。但是，没有什么具有重大意义的建筑能够一直保持低调。此后仅仅几年之内，他的继承者们就在原来基础上建造了一座宏伟的神社，并且保留至今。整个建筑群由五十多个精美复杂的具有巴洛克风格的部分组成，上面雕刻有花草树木以及生活其中的猴子、熊、猫头鹰等动物。从日光市到东照宫神社的道路长37公里，道路两旁屹立着一万五千多棵种植于17世纪的参天古树。离开神社时，需要经过一座建造于1636年的神桥。该桥是大古川河上专供将军及其使者行走的桥梁。这座桥也在"杉树案"中发挥了自己的作用。穿过这座桥，在神社的范围内耸立着一棵树。这棵树足有150英尺高，树干周长将近20英尺，树龄高达600多年。在日本，人们称呼这棵树为"日光太郎杉"。

第二章 | 日光太郎杉
（日本）

在这个国家，所到之处，没有比树林和神社的结合更为庄严的景象了……神社是将树林作为神灵归宿之地的最为集中的建筑表达。

——神树文化

日本神道教的神社不像基督教的教堂，并不是供人向神祷告的地方。神灵的大部分时间是待在自己的地方，但有时也在特定的地方拜访人类，而神社就是神灵旅行中的驿站。只要选址允许，神社就会建在远离城镇的地方。人们在正式节日参拜神社，而更多时候，是那些寻求宁静时光的人们在参拜神社。神社建在树丛之中。通往神社的道路，两旁种植着树木。即使是在最拥挤的城市，神社周围也会种植上树木。神社之神，不在建筑本身。传统上，神社本身就是神圣之地。西方也有将神庙作为神圣之地的传统，只是近来放弃了这个传统。

在佛教和基督教诞生之前，人们认为统治世界的神灵居住在户外，在人类所知的最为壮观的地方。在极端的气候里，他们可能住在冰洞中，也可能住在热带山洞里，但在气候温和的地区，他们则被认为居住在广袤的森林里，被参天大树环绕，也就是老普林尼（Pliny the Elder）所说"神灵居住的第一庙宇"。罗马人将这些地方用石头标记出来，使其免受刀斧的伤害，即便是砍柴和收集落叶

夺回伊甸园

也被禁止。希腊人将泥土运到贫瘠的卫城上，用于栽种柏树。在波罗的海地区，也是这样。神灵守护着橡树林，并惩罚那些胆敢在树林中吹口哨或大喊大叫的人。在非洲也同样如此。甚至今天，仅在加纳就保存着 2000 处神林。一位来自欧洲的游客看着四周被参天大树和瀑布激流环绕的岩石，问导游"你们如何知道神就在这里呢？你们能看见神吗？"。导游回到道："我看不到神的身影，但是我知道神就在这里。"这种有关神与树林的故事，在东方文化中都比较相近，但是在日本达到极致。

也许可以说，日本岛上的每一寸土地都是世界上最美的地方。日本人当然是这样认为的。一位 18 世纪的诗人写道，"我们的国家，受到神灵特别的青睐，是他们亲手所造，这就是为何日本与世界上其他国家相比，差异如此之大。"日本编年史《日本书纪》(*Nihonshoki*, *Chronicles of Japan*) 就解释过神是如何塑造了日本的。一天，日本文化中的神素盏鸣尊扯下他的胡子幻化成一片杉树林，接着他的眉毛、胸毛和臀部的毛发，也都幻化成为树木，于是就有了月桂树、杉树、黑松，众树成林，广布全国。这或许解释了为何在日本这样一个人口密集的国家，仍保有 2/3 森林覆盖率。这当然是一个原因。另一个事实是，德川将军曾下令大面积植树造林，那次大规模造林活动的成果历经战争与和平，直至今天。在日本这样一个孤岛环境中，人们日常接触的就是树木，加之人类自感渺小，这就促成了一种混合式的信仰，在万物有灵论和萨满教的基础上，他们崇拜自然生命，尤其是树木。在公元后几个世纪里，这些信仰渐渐融合演变成为神道教（Shinto），在日本宗教中居于主导地位。

第二章 日光太郎杉
（日本）

日本神道教常常让西方人感觉困惑。它是这样一个没有经典著述、权力神灵以及戒律法令的宗教，没有固定的祷告仪式，甚至没有激发信仰和恐惧的来世。它完全专注当下的良好生活，并为此提出四项基本原则：传统和家庭、洁净、敬祖、尊重自然。所有对神道教的描述都强调自然是"神力的体现"。与自然万物的接触，就是与神灵的接触。这些信仰虽然没有正式化，但是仍然非常普遍，直到第一次与外部世界（中国）接触。日本对外部的反应是值得注意的，因为这关系着以后几个世纪将发生的事情，包括如何导致第二次世界大战，以及在日光山脚下发生的高速公路与德川家康神社之间的冲突。日本能够吸收并容纳外界影响，然后释放出令人惊叹的力量消化这种影响并将其发扬光大。这就是吸收并战胜。

所以在古罗马即将灭亡、君士坦丁堡正在崛起、哥特人在欧洲森林中流浪的时候，日本正在吸收中国文化的方方面面，从市政建设到丝绸长袍、书法、绘画、歌曲等。日本人并没有完全臣服于儒家经典，他们有自己的神道教著述，并一再主张自己相比世界其他国家的优越地位。而神道教这个名字正来源于汉字"神道"，意为"神的法则"。日本人同样吸收了佛教文化，神道教很容易接受佛教，特别是在对于自然秩序的看法方面。日本人将中国信仰与其自身的信仰结合，从而形成了现世观，这些可从婚礼仪式中看出，又从佛教中吸收了来世观，这体现在葬礼仪式上。这确实是一种双赢的融合，并且都在日本神道教中有所反映。

直到一千多年之后，日本才遇到一种完全不同的信仰体系。这个新遇到的信仰体系只信仰唯一的主神，并且这个主神具有复仇精

夺回伊甸园

神，嫉妒其他的神灵，没有神林，但却有拯救负罪的生灵和征服自然世界的计划。这一信仰以战争和物质进步为工具，与日本发生碰撞，开创了一个影响世界的时代。这次碰撞的后果时至今日仍然还在继续着。

肆

> 沥青铺满了山川峡谷……一座辉煌的乌托邦。
> ——日本建设省，《乌托邦之歌》，2001 年

建设高速公路的想法，确实有可取之处。甚至到 20 世纪 50 年代晚期，日光仍然是日本最具吸引力的旅游胜地之一。坐落在山边的文化古迹，距离德川神社很近的日光国家公园，为游客提供了一种威廉古堡加上科罗拉多落基山脉的旅游体验，并且这里距离东京只有两小时的车程。这里的主道路不能满足交通需求，而在神社附近道路变得更为狭窄，从 50 多英尺宽降低到不到 20 英尺宽。这段狭窄道路的一侧是历史悠久的神桥，另一侧是一排古树，这排古树中就有"日光太郎杉"。其时日本正在首次作为东道国筹备奥运会，因此急需一个解决方案，否则日本的国际形象将岌岌可危。届时，外国媒体和游客会涌入日光城，没有人希望他们会堵在路上并因此抱怨日本。

建设省确实考虑过替代路线。总体上来说，建设省可以穿过瓶颈位置，在瓶颈位置之下建设地下隧道，或者绕着神社山谷建造一

条新路。根据建设省的分析,建造一条全新的道路将耗资超过 13 亿日元(近 1000 万美元),而直线方案,也就是 A 计划,只需花费 4300 万日元(不超过 50 万美元),不超过建设新路的二十分之一。从任何角度的经济理性考虑,牺牲一些树木都是在情理之中的。甚至日本国家公园委员会这样一个对国家自然资源拥有管辖权的政府部门,也都赞同 A 计划。从国家整体利益考虑,太郎杉树以及其他 14 棵稍微小一点的树的命运已定。从某种意义上说,这正是整个案例的核心所在。

在另外一个意义上,这还不是这个案子的争议。在案件表面之下,这个案子涉及日本如何接纳外国文化的侵入,接受到何种程度的问题。德川将军的统治激怒了西方海上霸权,影响了他们的市场计划。最终在 1854 年,美国海军上将佩里(Perry)带着 4 艘军舰登陆东京港,单方面地对日本宣布了门户开放政策。当时为了留下外交余地,佩里将军给了日本考虑时间,并于第二年再次来到日本,带着更多的战舰,发出了最后通牒。

一方面是面临着不开放关口就会遭受打击的选择,另一方面也是因为美国工业和武器发展前景的诱惑,日本签署了一系列贸易条约。这导致了很多后果,包括德川幕府的垮台以及日本天皇重新掌权。日本对外界所采取的吸收然后再战胜的应对策略,曾经对中国奏效,这次又再次发挥作用,不过这次面对的是西方商业文化。日本在制造业和科学技术领域迅速发展起来,并且发展速度是鲜见的。仅仅十余年内,日本就在海上战争中打败了俄罗斯,接着在太平洋战场与西方霸权一争高下,随后又全力发起第二次世界大战。

夺回伊甸园

日本拥有创造奇迹的机器，而问题是这部机器没有刹车装置，最终撞毁了。

第二次世界大战的教训是多方面的，其中最重要的就是意识到其装配线已经被其他国家超越，在技术领域又受到原子弹的打击。是时候回到原点了，那就是吸收然后战胜。又经过了几十年时间，日本在电子产品和汽车的设计与制造领域远超其他国家，在建设高速公路方面也处于领先地位。日本制定了一个比美国还美国的美式宪法。日本还采取美国式的经济发展策略：大兴土木建设公共设施。美国于1955年开始了一项州际高速公路建设项目，该项目成为世界最大的建设工程。经过一段时间之后，高速公路的投资与收益、政治权力、建筑就业市场，都变成自身正确的证据。这些项目所受制约很少。它被看作美式成功的经典例子，也为日本提供了成功的榜样，如同摇滚和快餐一样具有极大的诱惑力。日本拥有吸收的本领，并能在自己身上运用得更好。

伍

在他的相对不是那么有名的经典著作中，艾莱克斯·科瑞（Alex Kerr）又爱又憎地将日本称为"日本基建国"。日本基建国的主角是建设省，主要项目就是高速公路和水坝。科瑞的数据令人印象深刻。日本建设市场是世界上最大的，合计80万亿日元，接近国民生产总值（GNP）的20%，而美国的对应指标仅为8%。日本

第二章 日光太郎杉（日本）

国家财政预算的40%都流向了公共设施建设，相比之下美国仅仅是10%。仅仅是水泥消费量这一个数字就令人咋舌。在1994年，日本水泥产量比美国多出1300万吨。以单位土地面积计算，日本的建设速度是美国的30倍。在道路建设中如此，随后在汽车制造业上也是如此。汽车产业是美国发展起来的，但是却被日本超越。然而，日本并不就此止步。1996年，日本最大的建设公司清水集团宣布了一项全新的项目：他们将要在月球上制造水泥。该集团的空间发展部总经理确认了这一信息："在月球上制造少量水泥是不合算的，但如果大批量生产，那么成本将会非常低廉。"

这种拿来主义在美国是非常普遍的。科瑞是这样形容日本的基建症候群的：

> 从最好的大学毕业的官僚们制订规划，并咨询国内最受尊敬的教授；最优秀的工程师和景观设计师进行项目设计；建筑师们为将来设计了影响深远的蓝图；行业领先的公司实施工程建设；政治领袖从中获利；政论记者通篇大唱赞歌；全国各地的市民领袖乞求更多的建设项目。日本精英为建设这些工程和纪念碑殚精竭虑。

另一位观察者对于建设项目所涉及的金钱和政治问题作出了以下评论：

> 几乎所有的主要高速公路都是收费的。一些高速公路确实在盈利，但很多都是处于亏损状态，其中一些赤字超乎想象。一些桥梁已经出现数十亿的亏损，因为每天通过的车辆还不足

十辆。……这些高速公路投资背后有着强大的经济逻辑，特别是在农村，有两个群体都从中受益。首当其冲的一个当然是建筑公司，他们是工程的建设者。另一个群体就是长期执政的自民党的政客。建筑公司与政党之间的亲密关系自是不必言说的。

实际影响是巨大的：山谷变通途，高山变平地，山坡披上沥青以防止侵蚀，与高架道路相比，旅游景点显得那么渺小，居民区被交通道路一分为二，这些无不是现代道路的代表。高速公路建设的资金来自日本邮电业的收入，而日本邮电业被喻为"膨胀的金库"，是世界上最大的金融机构。然而日本这架机器是没有刹车装置的，也许将来不可预知的某一天，环境法可能会产生一定的约束。

人们也许会问，对于神道教、神林和神路的忠诚怎么啦？从某种程度上说，这与电视快餐替代米饭和清酒，美元之歌替代俳句一样，都是对西方价值观的顺从。当谈到为什么将一个尚存疑问的交通建设项目投入建设时，当地一位镇长解释了其中的缘由："为了让本地居民感受到富足。"这让他们觉得与现代社会接轨了。

有关这个问题的另一个答案，我们可以在一首神道诗歌中找到，这也是日本文化的另一面。在日本，"自然"从来就不是"野蛮、残忍的"。这种形象的自然是令人生畏、让人屈从的敌人。随着时间流逝，盆栽艺术、茶道、花道、白石幽径（日本园林的典型形象）等等日本传统习俗与神道教发生演变，演变为将自然纳入严格秩序。神道教的意旨在于和谐，而和谐就需要控制。

这些日本传统对日光高速案的最后结果产生了重要影响。其中

第二章 | 日光太郎杉（日本）

之一就是自然相对于人的从属地位。地方高速公路建设部门砍去城市道路两旁的树枝，不是砍掉枯死的树枝，而是砍掉鲜活、完整的树枝，原因是它们的落叶会弄乱街道，而凌乱是失控的表现。居民抱怨青蛙在公园里、树林里呱呱乱叫。然而，高速公路很好地战胜了这些顾虑，人们可以开车去往任何地方，在健康、安全的汽车中欣赏自然的美景。

日本传统的另一个后果就是服从。日本教育从小就要求孩子学会与他人保持一致，要求统一行动、跟随领导。厚生省前政府官员宫本政於（Miyanoto Masao）博士说，"当日本人谈到和谐一词时，就意味着绝不允许差异的存在，而是保持高度的一致。"日本有句谚语："立起的草叶易被割。"在这样的大环境下，什么样的人会抬头去反对建设省的任何项目呢？又或者是对环境产生影响的任何政府行为呢？

在日光高速公路事件背景下，这样一种服从文化又被第三股力量推动着，那就是日本的官僚文化。官僚机构在日本具有无懈可击的权力。日本历史中，天皇就是主神太阳之神的后代。每支派系的幕府军阀都有上千年的绝对统治权。他们的官员都是不同级别的武士：下级对上级必须尊敬、畏惧，当然最重要的还是服从。随着社会的现代化，日本政府仍然沿袭着这种传统。他们是一个封闭式的贵族政体。日本政府部门仅仅将初级岗位对外招收公务员，并且一旦当上公务员，即可任期终身。司法程序同样受到他们的控制，对其行为的司法审查更是闻所未闻。即使现在，也很少听说。政府部门也深谙此道，其退休干部在政府的工程和建筑盟友中任职，进一步加强了政府的力量。这种干部在日本有个特别的名字："空降官员"，意思是从天而降的人。

无论对神道教是如何忠诚，"基建国"及其高速公路项目都折射出控制自然的文化、对上级的服从，也表明认为日本是产业和政府协同统治的这种观念是符合实际情况的。这些情况对于环境法的发展显然是一个巨大挑战。

陆

可能会让西方人感到奇怪的是，环境问题以及通过法院为环境问题寻求救济，在日本都不是新鲜事。佩里上将在19世纪后期打开日本国门之后不久，日本的新政府明治政府就开始兴起全面的工业化进程（他们的口号是："大力生产工业产品"）。这是一个"哥白尼反转时代"，封建地主和地方政府疯狂追赶这次改革浪潮，他们摧毁了幕府（取而代之的是仅仅效忠天皇）和佛教寺庙（神道教被宣布为日本的唯一国教）。直到后来，天皇才下令保护神社和历史遗迹。

这种一蹴而就式的工业化代价巨大，这个民族经历了前所未有的不加控制的污染。第一个环境案例发生在19世纪80年代后期，是古河矿业公司（Furukawa Mining Company）造成的。该公司在谷中村（Village of Yanaka）上游的渡良濑川（Watarase River）大量开采铜矿。谷中村的鱼被毒死，土地也渐渐难以栽种庄稼，因此村

第二章 | 日光太郎杉（日本）

民请求政府清理这条河流。他们这样做，实际就是在挑战古河矿业公司。该公司的铜产量占日本全国的48%，而铜是日本第三大出口商品。因此，村民们是没有机会获胜的。立法机关也拒绝采取任何行动。当村民们抗议游行时，政府逮捕了他们，并将他们交付刑事审判。他们的领头者是当时的众议员，他尝试向日本天皇求告，但却以亵渎罪被扔进了监狱。随后大众的骚动越来越激烈，政府终于坐不住了，他们想出一个奇异但又很实用的办法：政府征收了污染土地，并在此建了一座水库。村民被驱离了，"有的获得了少量赔偿，有的没有获得任何赔偿"。这样的结果很难说是公正的，但是有关环境问题的第一声警钟就此拉响了。

一系列类似案件接踵而至，其中最为人知晓的莫过于发生在1916年的一起案件，被告大阪碱业会社（Osaka Alkali）是一家铜矿冶炼公司。当地农民因为庄稼遭受巨大损失，寻求补偿。就在这一次，日本最高法院开启了司法新篇章，最终判决该公司应当承担责任。对于有限类型的案件，司法大门终于打开了，然而不是挑战工业发展，而是为受害者提供赔偿。

在第二次世界大战之后，日本开始了第二次全面工业化攻势。很快，国内很多民众都遭受怪病的折磨，开始到法院起诉。所有的污染行为都是有代价的，而这些事件的污染代价非常可怕。这其中一个污染案例被人们称作"富山痛痛病"（Toyama itai-itai），受害者因为镉中毒，痛苦难忍，常常大喊："好痛！好痛！"而此时政府和工业企业则按照他们的惯常程式作出回应：首先完全否认，接着封锁证据，继而聘用科学权威帮助开脱，并转而责备受害者，拖延时间，直到受害者死亡。后来在工业石棉案、避孕器械案、棉尘案、烟草案、汽车安全案等美国诉讼案件中司空见惯的那些伎俩，当时在日本法院中都已经用上了。这些案件都很复杂，牵连甚广且产生了深远的社会影响。

在所有进入诉讼程序的案件中，有四个案件最为出名，被称为日本法制史上的"四大公害诉讼"。第一个案件始于水俣病的发现。日本熊本县的一所化工企业智索株式会社（Chisso Chemical Company）排放的甲基汞流入家庭的餐桌，致使人们从饮食中摄取了甲基汞这一有毒物质。1967 年，法庭认定智索公司知情致险和积极隐瞒疾病数据。然而，有关索赔的诉讼拖延了 20 余年仍然没有结果。另外两个案件发生在日本四日市，源于一个大型石油炼化和发电综合体。周围居民渐渐发病，有的已经死亡，政府没有采取任何行动，污染企业也无动于衷。与水俣病案件同年，就在四日市一位受害者自杀后不久，另外 12 位同样境遇的受害者开始了诉讼活动。就在此时，第四个案件的受害村民也展开了行动，他们受三井矿业冶炼厂（Mitsui Mining and Smelting Plant）的排放物所累，工厂将含镉废渣排入神通川的河水中，致使镉进入当地村民的饮食中。三井公司的医生坚称当地居民的疾病只是营养问题，政府也支持这种说法。1968 年，当地多位受害者提起诉讼。到此案判决时，当年的受害者中有 21 个人已经去世。

"四大诉讼"过程长，拖延久，并且最后的结果也远远不能令原告满意。他们寻求补偿，因为补偿诉讼是在污染之后他们能够提起的唯一诉讼请求，然而任何人都不希望在受害者死后，由家属来领受补偿金。在所有的案件中，法庭都没有下令停止或者减轻污染。然后从积极的方面来说，这些案件引起了媒体和公众的关注与同情，改变了人们的惯常心态：确实存在问题，政府和产业部门都不是上帝，他们在这些问题上犯有严重错误，他们需要作出更好的回答。同时，这些案件也将法院推到前排，不管他们愿意与否，都需要自己审查产业对环境的影响，从而也间接地审查政府行为对环境的影响。居于主导地位的和谐和服从文化失败了，当行政机器出现故障时，就该轮到司法权上场了。

当日光高速公路案走进人们的视野时，"四大诉讼"还处于孕育状态，当时企业对于受害者遭受的严重损害仅仅给予极少的补偿。该案的损害与众不同。当提到工业增长时，日本民众仍停留在"污染代价——责怪受害者——只好向上苍祈祷"的思维定式之中，就在这时政府提出要毁掉神圣的东照宫的环境。神社提起了诉讼，并且诉讼请求不是经济补偿，而是要叫停整个工程。1964 年，案子到了东京高等法院。

在删掉事实认定部分之后，东京高等法院的判决相当简短。判决书一共 6 个段落，每段不超过 30 行，行文风格好似一首俳句。初审法院的判决在事实认定部分较长，但是在法律适用部分却很短。高等法院维持了初审法院的判决。法律适用部分之所以很短，是有原因的,因为根本没有法律可供适用。在上诉审时,东京高等法院是在白纸上作画。唯一牵涉此项目中的政府环境管理机关就是厚生省和国家公园委员会,尽管他们也不情愿,但是他们也都对高速公路计划表示同意。尽管如此,东京高等法院得出了自己的结论,并且这个结论后来被美国等国家作为国内法的原则,甚至也成为国际法的原则。法院直面日本政府中的巨人——建设省,下令要求他们停止该项目。

"日光太郎杉"案中最引人瞩目的部分是法院如何寻找可以适用的法律,因为当时日本还没有环境法。日本《土地征收法》允许政府部门征收土地,这里的"土地"概念包含东照宫神社附近的树木,只要该项目是"对土地的合适、合理使用"。很难想象还有比"合适、合理"更为宽松的标准了。几十年来,日本建设省都是通过行使该项权力进行高速公路建设。可以肯定的是,在征收土地时,建设省须支付补偿金,但它的权力是不可否认的。另外,建设公共道路从概念上说也属于合理使用土地的范畴,并且是国家的优先事项。即使没有反对派的声音,"合适、合理"的法律标准也是非常难以适用的。很多人认为,法院并不能决定什么是对整个社会最好的,特别是在日本这样一个具有强烈的大陆法系传统的国家,法院必须严格适用实定法律,而决定什么才是"合适、合理"的,是行政部门或立法部门的事情。

然而,法院仍然认定建设省的决定是不合适、不合理的,因此是不合法的。法院为何会作出如此认定呢?一个原因是,法院确实想这样做。在环境诉讼中,通常有这样一种说法:"你给我事实,

第二章 | 日光太郎杉（日本）

我给你法律"，然而在本案的判决书中，从一开始，事实问题就占据了主要部分。日光高速案的法院判决，是这样开头的：

> 本案争讼的土地位于日光国家公园入口处，这是一处绝佳的人文与自然相结合的美景，穿过粉刷成红色的神桥，到达东照宫神社，这里被幽静的杉树林环绕，大谷河缓缓流过，宛如一颗钻石镶嵌在这件精美的艺术品上。

很显然，用行业术语来说，本法院是"受过教育的法院"。法院只是在寻找拯救这些树木的抓手。

法院找到了他们需要的法律依据，包括《土地征收法》。根据法院的观点，高速公路需要满足的"合适"性标准不仅是指建设省能够指出该项目具有某些公共利益，比如满足日益增加的交通需求，而且必须证明高速公路是"必要的"，同时还必须证明所造成的"环境退化和破坏是值得付出的成本"。这样就产生了两个新的标准，这两个标准在成文法中都没有规定，但是却具有巨大的威力。要回答什么是"必要"的，法院认为核心是替代方案。在本案中，建设省确实可以选择其他路线，如果其他路线建造成本高，可以将这些公路作为收费公路运行。这里所体现的标准和美国法律很相似：除非没有"可行的、谨慎的替代方案"，否则不能为了建设高速公路破坏公园和文化景点。问题是，当时日本法律并没有类似规定，即使是稍稍有点类似的规定都没有。从《土地征收法》中，东京高等法院运用法律解释的方法创造了法律史册中最强有力的环保利器，然而这仅仅是个开始。

建设省的结论是该高速公路的收益具有决定性意义。从"值得付出的成本"这个标准考虑,高等法院同样认定建设省得出这一结论是错误的。法院的推理是,"如果将保护神社以及周边历史遗迹的价值纳入考虑范围",那么避开这片山谷将是更为经济的选择。法院在经过简短的分析之后,就接着认为保护这些价值"最为重要"。法院认为,将环境保护纳入适当考虑之后,应当保护优先。事实上,让车辆都远离这里,留下的只是供游人行走的小道,这样的决定更好。无论如何再次推想,都不可能比这更接近行政首长的想法了。

这时法院的工作还没有结束。日光高速公路的升级很显然是日光地区道路建设的一个部分。建设部门喜欢一步一步地开展建设,因为你不可能一次性完成整个系统的工程,但他们却不愿意泄露完整计划,因为一旦泄露就会招来种种质疑。对于这一点,东京高等法院了然于胸。法院要求审查,"为了工业发展或是旅游业的需要,将来是否在日光市尚未开发的地区建设其他道路"。因此,法院直接处理了整个项目,解决了尚未建立的环境审查程序需要解决的一个最为长期性的问题。

从深层次上讲,尚在环境公法的孕育时期,该法院就展现了独立思维,进行了真正的司法审查,而不是一个橡皮图章。该法院没有听从任何人的意见。建设省以日光高速公路为奥运会所急需为由,认为必须修建该高速公路,但是法院没有采纳建设省的观点。国家公园委员会批准该项目的部分理由是,有些树木此前已经被风暴摧毁,因此环境破坏已然存在。法院也没有采纳这个观点。就像美国暴风王山案的合议庭一样,日光太郎杉案的上诉法院也有意愿作出自己的决定。这是一种趋同进化,尽管两个法院之间隔着半个地球。

东京高等法院能做到如此,不得不令人敬佩,毕竟"日光太郎杉"案的法院判决已经超越了那个时代。而现存的问题是,司法部门究竟是在日本披荆斩棘地开辟出一条大路,还是徘徊不前,用美国首席法官文森(Vinson)的话来说,就是"被抛弃在法律的汪洋大海之中"。对这两个问题的回答都是肯定的。对这两个问题的回答非常具有日本特色,体现了日本处理模棱两可问题的特点。

捌

20世纪60年代晚期,日本出现了一种广泛的看法,那就是工业发展已经严重失控,而政府却未能保护公共利益。在缺乏成文法的情况下,日本法院在拖延了几年之后,最终通过给予受害者赔偿的方式,对环境污染造成的沉重伤害给予救济。法院这样做相当于分割工业的利益蛋糕。这种解决办法不是停止污染,而是补偿污染损害。

像"日光太郎杉"这种环境案例涉及的不是私人权益,而是公共利益。当日本的原告想要保护公共利益时,就会掉进卡夫卡式的迷宫,最终走进死胡同。案子可能一直打到最高法院,却发现诉讼请求的形式不对。如果诉讼请求形式没有问题,却又存在起诉主体资格问题。根据日本法律,起诉主体资格要求原告具有实际损害或者人身损害。根据这样的规则,很少有环境案件能够被法院受理。政府部门如同上帝一般,无动于衷。

因此即便在"日光太郎杉"案之后,日本公民想要请求法院对垃圾填埋场、工业排污口、机场、城市可再生项目的错误选址以及其他问题进行司法审查,仍然被拒绝。他们的很多案件从来就没有进入审理。对于被审理的少数案件,法院仅仅判决被告支付赔偿金,尽管原告想获得的是为填埋场选择一个更为安全的地址或者降低机场的噪声。那么,"日光太郎杉"案为何如此与众不同呢?

一种解释是,此案原告具有重要地位,因为原告是日本最受尊敬的神社。舆论与媒体都反对高速公路的选址,法院里的法官也是会读报纸的。由于神社拥有该地的所有权,因此具有必需的诉讼主体资格。用主审法官白石健三(Kenzo Shiraishi)的话来说,当然他是从广义上说的:"尽管原告对这片土地享有所有权",但那里的神桥、树木和神社同样具有价值,"它们应当作为日本人民的共同文化遗产,被共同享有和得到保护"。白石法官不仅仅是东京高等法院的一名成员,他还是一位行政法学者,与美国上诉法院的法官可谓是志趣相同,在同一时代为环境法的进步作出了相同的贡献。他为日本国人所熟知,不仅因为以上裁判意见,还因为其他很多方面。他曾至少两次反对过政府的交通规划,为司法审查开拓出新的空间。在1966年,正当"日光太郎杉"案上诉至东京高等法院时,白石对日本律师协会做过一次演讲,演讲的主题是"行政诉讼之路"。纵观近年来美国、英国、德国的发展,他总结道:作为一名法官,他不会干预行政机关的实体性决定,但他能发挥监督作用,

第二章 | 日光太郎杉（日本）

确保决策程序适当。

以上说法都是事实，但并非事实的全部。"日光太郎杉"案的法庭意见没有通过适当的程序收住自己的脚步，超出一定范围，进入了案件的实体问题，而白石法官认为实体问题超出了他的范围。阅读"日光太郎杉"的判决可以看出，不管建设省通过什么样的程序证明其决定的正确性，东京高等法院都不会同意。对于关心法院的神圣性的人来说，这个判决是一个巨大的错误，但是对于关心神社的神圣性的人来说，这是一个胜利。

"日光太郎杉"案还有最后一只靴子没有落地。人们不免会想，如果东照宫神社同意砍掉这些具有历史意义的杉树，接受建设省支付的赔偿，情况会怎么样呢？人们可以对这种情景尽情发挥自己的想象。还有其他人能够站出来替这些树木说话吗？

没有陪审团对此作出裁决。美国在建国之初就对政府行为建立了司法审查制度，并表明了"法治"信念。日本与美国不同，既没有建立司法审查制度，也没有表明"法治"信念。没有任何远东社会做到这些。相反，远东社会建立的制度是，政府作出公共决策，人们忍受伤害，包括政府行为造成的伤害，通过协商解决问题，而非提起诉讼。一位日本学者（木下毅教授）写道："传统的哲学""将法律视为一种权宜之计，仅仅用于规训野蛮人"。

这一观点在很大程度上解释了日本为什么抵制对环境法实行公民执法。毕竟我们应当同舟共济。状告政府打破了几百年来维系日本社会的网络，而谁知道将来是否会产生重大环境后果呢。美国就是在冲突中建立的，美国的法学院将对抗制作为首要制度加以教授,建立了具有鲜明的对抗制特色的程序以保护环境。相比美国的对抗制而言,也许日本可以通过协商解决更多的问题。

但答案也可能相反,高压专横、易犯错误、政治操纵的政府决策在全世界都很普遍。政府机关不是恶魔,但它们是由常人组成的,而常人往往拒绝改变。企图诉诸善念和理性,通过协商方式解决日光神桥之类的冲突,这样的博弈方式更多的是基于愿望而非基于实际。除非公众能够向公正的第三方对政府的不合理决定提出质疑,否则公共利益难以得到保护。然而权力失衡太严重了。"日光太郎杉"案中白石法官的意见也许能让公众发起挑战以保护公共利益,但是日本人民还没有这样做。

> 圣地旁边通过了高速公路项目:昨天爱尔兰批准了一个高速公路项目,这条公路将穿越塔拉山附近,而塔拉山是该国神话故事中的一个遗址。
>
> ——《皮卡尤恩时报》,2005 年 5 月

此类环境事件不会就此停息。在日本高速公路项目之前,美国就有此类项目。在日本高速公路项目之后,印度、中国也有类似项目。日本迫在眉睫的问题似乎是,在铺设了无数条马路之后,道路的维修保养造成了 44 万亿日元的亏损。尽管如此,日本仍在大修道路,特别是在乡村。更多类似"日光太郎杉"的案件源源不断地

第二章 | 日光太郎杉
（日本）

产生，那么新的高速公路还能往何处延伸呢？

试想，换做德川家康将军，面对高速公路项目，他会怎样做呢？这位伟大的终极统治者，他就在这里，随之而来的是对他的政府机构的挑战。在他那个时代，很难想象有人会幻想挑战他的权威。无法想象，任何挑战他的人能够活下来。但是，东照宫神社是他的纪念地，并且，按照白石法官的说法，东照宫神社是属于全体日本人的。当然，碧水蓝天也都是属于全体人民的。在这里，德川家康遇到了白石健三。

日光太郎杉树旁通向神社的路仍然是那么狭窄。两条狭窄弯曲的小道向神桥延伸，这条路上周末挤满了车辆，路边依旧是参天的杉树，伸向路中的树枝依旧被车辆刮伤。对树木来说，这也许很痛苦，但日本建设省并没有按照原计划拓宽这里的道路，而是远离山谷，修了一条迂回的公路。奥运会来了又走，当然所有的报道都印证了这次运动会的成功。参与"日光太郎杉"案诉讼的神社工作人员、法官、律师，也一路向前。留下的只有那令人瞩目的法院判决书，字里行间的希冀还未完全实现。

MINORS OPOSA

第三章

未成年的欧博萨

(菲律宾)

> 我面对的威胁好像并不是毫无意义的。
> ——安东尼奥·欧博萨（Antonio Oposa），2006

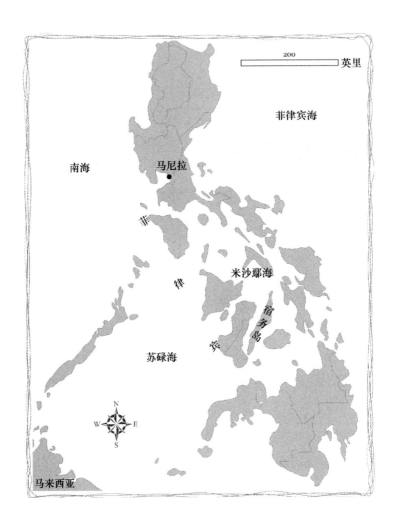

壹

20世纪90年代早期,一艘没有悬挂船旗的货船满载着木材离开了吕宋岛。菲律宾群岛由7000多个岛屿组成,分布在500多平方英里的海面上,每个岛屿都有弯弯曲曲的海岸线,因此很难管理。吕宋岛是菲律宾群岛中面积最大的一个。菲律宾森林资源丰富,就在不久前,菲律宾还在向全世界提供木材,但是森林资源的减少也导致菲律宾开始从海外进口木材了。尽管如此,当地的伐木场和外国公司仍然盗伐仅剩的原始森林。这艘船就是这样。远远望去,这艘船的甲板上就堆放着从仅剩的原始森林中盗伐的木材。

忽然,从空中传来军用直升机的隆隆响声,声音越来越大,飞机在货船的上方盘旋,从飞机上落下一根缆绳,有一群人从飞机上顺着缆绳滑下。他们没有看到任何其他人,这确实是非常令人惊奇的,同时也是非常幸运的。从飞机上滑下来的人中,有一位是来自马尼拉的律师,这位律师就是安东尼奥·欧博萨。他打开电脑,打印出一张逮捕令,宣布船长与船主被逮捕了。

欧博萨对非法伐木发起了全面进攻。他创建了一个多部门联合

夺回伊甸园

执法工作组,获得了地方社区的支持,并身先士卒,跟执法人员一起行动。地方社区支持欧博萨,因为地方社区长期以来就怀疑政府是造成盗伐的原因之一,这一怀疑不是没有道理的。他的团队查获了一批刚刚砍伐的木材,这些木材就漂浮在一家公司的码头旁边。他们现场审问,6个小时之后就将船主和盗伐者送往了监狱。在伊莎贝拉省,欧博萨的团队对另一个盗伐者也进行了有力的打击。而在武端市(Island Butuan),他们曾经破门而入。他们带着新闻媒体,带着相机和记者,他们的消息抢占了新闻媒体,每次战斗都告诉社会:新的一天开始了。欧博萨的执法理念非常简单,那就是:"迅速、有力、公开"。

在此之后掀起了更大的战斗火焰。在接下来的几年里,安东尼奥·欧博萨主编了菲律宾第一本环境法纲要,撰写了《自然之法与它的故事》(*The Laws of Nature and Other Stories*),在该书中用雅致朴素的语言讲述了环境政策。他还就环境问题提起诉讼,创立非政府组织,建立协作性的工作小组,用以解决棘手的环境问题。除此之外,他还向在校学生教授法律知识,向律师讲授生态知识。他演讲、游说、倾听环境控诉、痛斥非法行为,并且一直寻求和平。然而他所做的一切,并非受到法律的驱使,更多时候,他感受到我们的地球是如此美丽,并且处于危险之中,但他仍然抱有希望,正如他在最近一本书的致谢部分所说:"那些年轻的孩子们,当他们到我们这个年纪……会比我们做得更好。"安东尼奥·欧博萨确实是一位有自己风格的、顽强的律师。

然而,安东尼奥·欧博萨最让人牢记的一件事情是,他代表他

第三章 | 未成年的欧博萨
（菲律宾）

的孩子们以及那些还未出生的子子孙孙，提起诉讼，以拯救菲律宾正在迅速消失的森林。该案被称为未成年的欧博萨案，使他在全球广为人知。

贰

森林之所以让安东尼奥·欧博萨感动，是因为菲律宾有史以来的地貌特点。菲律宾的森林养育了种类惊人的生物。仅仅是在比一个城市街区还小的一片森林中，都可以发现一千多种物种。其中最特别的莫过于一种大丹犬（Great Dane）大小的鸟类，它的头部覆盖着一层黄色的羽毛，好像戴着一个斗篷，它能轻松地在天空中滑翔，忽然间又能以超过 50 英里每小时的速度冲进森林，捕获猎物。这种鸟以小型哺乳动物为食，名叫食猿雕（Philippine monkey-eating eagle），是所有陆地生物的终极杀手。传说在很久以前，海天之间的距离很近，天空几乎触手可及，这种鸟类之王——食猿雕——啄食天幕用来筑巢。它的这种行为激怒了天空，天空降下无数岩石，硕大无比，砸向食猿雕。然而那些岩石并没有砸死食猿雕，它们纷纷落入海洋，形成了今天的菲律宾群岛。食猿雕毕竟不是一种普通的鸟，它完全依赖菲律宾岛上的这些热带、亚热带的森林，如果森林消失了，那么这些食猿雕也会跟着灭绝。

然而，不幸的发生就是这样快。19 世纪末期在西班牙的统治下，尽管菲律宾的森林受到一定程度的损害，但菲律宾 9/10 的森林还是保存了下来,那时森林中还有 9 万只食猿雕,这种有名的鸟是菲律宾的象征。在与欧洲人接触以前,菲律宾的森林是由当地部落酋长管理的,他们对每个社区划定砍伐限额,用以支持活跃的木材贸易,来自阿拉伯、印度和中国的桨帆船和大帆船将这些木材运走。接着,西班牙人来了,但是西班牙人从事贸易,只是偶尔占据陆地。森林管理是罗马天主教堂的职权,他们实行教会统治,通过特许授权的方式,将森林管理权交给皈依的部落酋长。当时已经形成了将森林作为政治恩惠的模式,但这并没有导致滥砍滥伐。西班牙需要长期的木材供给,用来建造船只和舰队,所以严格禁止商业砍伐。

然后,美国人来了。

> 菲律宾的木材可供未来一个世纪制造家具之用……菲律宾的木材和其他商品也是我们所需要的,而且这些都是我们不能自产的。
>
> ——阿尔弗雷德·贝弗里奇(Alfred Beveridge),美国参议员,1900 年

1898 年,美国人入侵,表面上他们赶走了西班牙人,但是他们也镇压了菲律宾独立,在这次镇压行动中死亡的菲律宾人与在第二次世界大战中死亡的菲律宾人人数相当。美国对菲律宾的占领,使菲律宾引入了美国的一些传统特点和做法,包括宪法和对自然资源的大规模开发。就是这个时候,美国总统西奥多·罗斯福在美国大

第三章 未成年的欧博萨
（菲律宾）

陆上掀起了保护森林的战役。西奥多·罗斯福是这样评论美国人的："美国人眼里的树木只是一堆木材。"对于到来的美国人来说，菲律宾的森林就是战利品，用现在的话讲，就是"战略资源"，这就足以构成军事占领和控制的理由。尽管美国崇尚森林保护原则，但在菲律宾，大量的树木被砍伐，实际上已经处于失控状态。美国确实升级了森林测绘，编制了森林目录，提高了木材加工水平，甚至开办了一所林业科技学校。所有这些现代管理技术都是陷阱，背后的目的其实很简单，那就是：砍树。菲律宾政府将这一切看在眼里，放在心里。截至1934年，菲律宾的原始森林储量剩下一半不到，仅5千万公顷。然而，能够阻止这场伐木盛宴的唯有战争了。

停顿只是暂时的，战后又迎来了一场造房热，仅菲律宾的木材供应量就占全球总量的1/3，菲律宾的商业木材中很多都是一些常见的木材，但是也有一些稀有、昂贵的木材，其中之一是菲律宾红柳安木（mahogany）。不管是普通木材还是稀有木材，都是不可持续的。美国是西方世界的最大进口国，可与之匹敌的是日本，它是菲律宾木材在东方的最大进口国。具有讽刺意味的是，这两个太平洋战场上不共戴天的敌人却在菲律宾木材消费市场中结成了联盟。这些都是菲律宾人所希望的，他们与普通人的想法一样，他们只看到源源不绝的外汇收入，以为这是一条永无尽头的创收之路。两世纪以前由西班牙人创造的伐木授权制度被菲律宾新政府继续使用，而这些授权都流入了总统的朋友们的口袋中。到20世纪50年代中期，菲律宾已成为世界最大的木材出口国。在菲律宾大大小小的岛屿上，电锯继续隆隆作响，树木纷纷倒下。

夺回伊甸园

面对这种大规模的砍伐，菲律宾政府再也坐不住了。1969年为了回应新近流行的环保理念，菲律宾总统费迪南德·马科斯宣布暂停新的伐木许可证。但是当他再次当选总统之后，伐木许可暂停的时间已缩减至1年，不久之后新的伐木许可证又开始发放了，砍伐仍在继续。1975年，菲律宾模仿美国的森林管理政策，强调森林的多种用途，重视可持续生产，制定了新的森林法。该法限制木材出口，甚至尝试让原住民社区参与森林保护。这些听起来都确实不错。20世纪70年代末，马科斯总统实际上已经成了权力不受限制的统治者，他甚至宣布：

> 为了保护森林，在必要时我将会取消所有的森林砍伐授权……我已经见识了森林一夜之间创造财富的本领，我也看到了菲律宾的森林正在消耗，当我意识到无数菲律宾人无视森林资源——这一我们留给后代的遗产，我感到毛骨悚然。

然而同时，马科斯向他的政治盟友发放了每份10万公顷的砍伐许可证，这个数额是典型的商业砍伐许可证的两倍。马科斯的家族成员也得到了不少菲律宾砍伐许可证，他的母亲是一家大型木材加工公司的董事长，还是另一家同类型公司的大股东和董事会成员。1971年，一些为数不多的持有许可证的人控制了菲律宾仅剩的3千万公顷的商业林。凭借这些授权，他们平均每年单靠出口就可盈利3亿美元。在这种情况下，树木不可能存活下来。

到20世纪80年代末，菲律宾只有4%的国土面积上还有原始森林了。剩下的这些原始森林大多深藏在陡峭的深谷以及像巴拉望岛（Palawan）那样偏远的地方。森林能够带来的巨额利润就快完

第三章 | 未成年的欧博萨
（菲律宾）

了，但是无法回避的环境账单却已如期而至：风蚀的山脊、枯竭的河流、濒临死亡的珊瑚群、水源短缺、洪水灾害。这时，一种截然不同的势头正在酝酿当中。1987年马科斯总统流亡，菲律宾处于新一届政府领导之下。菲律宾新宪法宣布公民享有"平衡、健康的生态"的权利。菲律宾第11届总统科拉松·阿基诺创立了环境与自然资源部，他在原来的名称和权限中加上了"环境"一词，删掉了"开发"一词。在菲律宾国内也渐渐开始出现诸如"可持续使用""提高环境质量"这些新兴词汇。不幸的是，砍伐仍在继续，超过100个伐木许可证仍在有效期内，许可证为期50年，尚有几十年才到期。砍伐的脚步还在向巴拉望岛这样的最后可砍伐的地方推进，这些地方是菲律宾硕果仅存的最后几片森林，也是菲律宾食猿雕仅剩的栖息地。现在的问题是，这些新颁布的法律、新出现的环境词汇是否能发挥一些作用。就在这时，安东尼奥·欧博萨登场了。

肆

当我们眼前出现一棵大树或者一片茂密的森林时，特别是我们身在林中，这时我们能感到一种莫名的愉悦，会有一种精神力量如浪潮般向我们袭来……毕竟我们都一样，我们都是自然这个神圣国度的最高物种。

——安东尼奥·欧博萨，2003年

没有人知道这场火灾是因何发生的。年轻的安东尼奥·欧博萨

夺回伊甸园

在一所法学院读书,放圣诞假期的时候回到家中,一天半夜,当他在楼上睡觉时,袭来的浓烟和烈火把他惊醒了。他冲下楼想从前门逃出去,但是一片火海阻挡着他的去路。事后他回忆道,当时他在想,"如果我死了,我也要让人们知道我死的时候抗争过"。所以他直接冲进火海,而本该锁着的前门这时竟开着,他最终冲了出来。冲出房屋后,他的头和手臂都着火了,他的皮肤像蜡般滴落,当时屋子里的另外两个人却没能逃出来。自此以后,安东尼奥·欧博萨变得比以前严肃一些,专注一些,但是仍然没有为以后的战斗做好准备。

很难说欧博萨注定会成为一名环保主义者、一名律师或者任何值得记住的人。他年幼时非常活跃,也是一个调皮鬼,在菲律宾那样一个坚定的天主教社会中,他似乎会成为保守派中一名无足轻重的小卒。他的父亲是一位著名的外科医生,当他的母亲刚出现癌症征兆时,他们就迁往美国,将年幼的欧博萨交给居住在马尼拉的祖父抚养,他的祖父非常有钱,因此他在童年时期得到了悉心的照顾。后来,他顺理成章进入大学学习企业管理。在此之后,潜藏在他血液中的反主流文化意识开始觉醒,他离开宿务岛(Cebu),去往班塔延岛(Bantayan),开始过一种"鲁滨逊漂流记"式的生活,和他的男仆一起用篝火烤鱼做饭,睡在光秃秃的地面上。回到马尼拉之后,他尝试了贸易和银行方面的工作,但是又辞职了。这些都不足为奇,他不希望他的一生都花费在"为别人数钱"的工作上。接着他开始快速阅读,他想学习怎样理解与享受语言文字。

基于这种想法,欧博萨前往法学院求学,再一次开始无目的的

第三章 | 未成年的欧博萨
（菲律宾）

学习，并于1982年毕业。他那时唯一有关环境的"成就"就是劝说兄弟会在学校前面植树。这次劝说是带有些许策略性的，从这里可以看出他的号召力和游说的能力，这也预示着另一个更大计划的诞生。欧博萨结婚了，妻子是一名职业会计师。但是他并不满足现状，她最后不无失望地对欧博萨说："去发掘自己的专长吧。"不幸的是，他唯一有兴趣的就是自然，而这里并没有律师发挥的空间，就像他常说的，"谁会给我支付律师费呢？难道是那些鱼吗？"

他将他的想法告诉了他的法学教授，其中有位法学教授后来进入了菲律宾最高法院，欧博萨终于知道环境法才是他的兴趣所在，却苦于没有机会深入学习。所以后来他拿到奖学金去挪威学习，并带着新奇的想法回国了。这些新奇的想法很庞大但是还未成型。这个想法就是，"环境保护的目的并不是施惠于我，也不是我的孩子，而是那些还未出生的子孙后代们。"他回到了宿务岛，发现那里的树全都消失了，感到震惊。之后他写道，"有一天我登上山巅，但是那里一棵树也没有。"这种情况不止是宿务岛，他查看了过去和现在的卫星照片，看到菲律宾的雨林只剩下碎片。他已经为环境保护做好了准备，对渐失的雨林的理解更为深刻。越是细致地查看这些图像，他发现的情况就越是糟糕。这大概就是他的历史性时刻吧，安东尼奥·欧博萨终于找到了自己的目标。紧接着，他举家离开宿务岛，来到马尼拉，这时他还不知道怎样做才好，但他心中所想就是要拯救那些树木。

对欧博萨来说，这些并不只是树木，他看见的是菲律宾的整个历史正在瓦解。正是这些树木哺育了说着60种不同语言的菲律宾人民。森林道路已经被开辟出来,深入到他们的栖身之所和狩猎之地。伐木机器如同装甲兵一般,摧毁了这个国家的自然资本,并将收益源源不断送往国外。由人类、植物和动物组成的独特世界濒临瓦解的边缘。这一切都是毫无意义的。欧博萨后来解释:"自20世纪60年代以来,消耗菲律宾90%的森林使国内几百个家庭增收了420亿美元,但却让1800万山地居民在经济上变得更加贫穷,同时导致整个国家在生态上更加贫穷。"这其中包含着正义的问题。

从法学院毕业仅仅几年,欧博萨就成立了名为"菲律宾生态网络"的组织,该组织是菲律宾国内最早成立的环保组织之一,也是第一个致力于通过法律保护环境的环保组织。这是一个非常合适的契机,当时菲律宾刚刚采纳了一些听起来很不错的法律原则,新成立了环境与自然资源部以实施这些法律原则。作为生态网络组织的主席,欧博萨致函该部部长福尔根次奥·法克托兰(Fulgencio Factoran),反对正在持续的毁林行为。这封信的态度有一些强硬,欧博萨要求在15天内终止所有的伐木许可证。出乎他的意料,这位同样是律师出身的部长不仅回复了这封信,并且还安排了一次与欧博萨的私人会见。

在这次会见中,欧博萨见识了环境政策背后真实的权力政治。法克托兰部长对欧博萨的目标表示同情,并且表达了他自己希望改变林业政策的愿望。他的问题是,来自立法机关的支持微乎其微,而来自行政部门的支持就更少了。法律书籍上勾勒的美丽图景只是一方面,但是没有人希望发起一场"环境政变"。由于环境与自然资源部的财政预算需要立法部门通过,这种财政供给是可以立即切断的,所以这位部长的双手实际上是被紧紧捆绑着的。法克托兰愿意为欧博萨提供一些必要的信息,但是他必须走上诉讼之路。

这时欧博萨从法学院刚刚毕业几年,这将成为他接手的第一个环境案件,当然也是他走上律师之路的第一个案件。于是,他就起诉了。

伍

他面对的第一个问题是究竟告谁?当然最显而易见的目标是伐木公司,毕竟是这些公司实际实施了砍伐行为。然而难题就在于这些公司都获得了政府的许可,政府允许它们进行持续数十年的伐木作业。这些公司还有强大的律师团,配备有全国最好的律师,随时准备将对手淹没在法律文书之中。除此之外,这些企业背后还有红脸白脸的政治人物,随时可以提供支持。菲律宾在全球范围内以政治腐败著称,司法部门也历来如此。这些企业也许只消几个私下的电话,这个案子就归于消灭了。从法律和实际的角度考虑,唯一可行的被告只剩下环境与自然资源部了。在这个案件中,环境与自然资源部既可能是朋友,也可能不是。

对菲律宾生态网络来说,"未成年的欧博萨"一案背后的事实具有深远意义。环境与自然资源部面临着 92 个尚未到期的长期伐木许可证,这 92 个许可证涵盖了菲律宾 1000 万英亩以上的原始森林,并且还有压力要求环境与自然资源部发放更多的伐木许可证。

这些许可证已经是菲律宾现有森林面积的五倍之数了，这听起来很疯狂，但就是有很多事情虽然看起来疯狂，但却不违反法律。欧博萨的策略就是证明如此规模的砍伐是不合法的，从而回到欧博萨从挪威带回的新想法，那就是孩子们以及现在还未出生的子孙后代将来得到的可能仅仅是一片废墟。他从这个角度指出了经济繁荣的假象，他同样找到了一个吸引法院和媒体注意的方法，那就是让孩子们提起诉讼。

但是这里还有一个问题，那就是谁敢提起这样一个与政府相抗衡的诉讼呢？欧博萨招募了一些亲朋好友，让他们带上自己的孩子，但是他们都不想让自己的孩子成为第一个。之后他解释道："可以想见，他们当时是抱着怎样的怀疑和恐惧，到底谁能起诉政府呢？"他们的恐惧情有可原。他想到，持有这92个许可证的任何一家公司的老板，"都可能直接雇人把我杀了"。这次诉讼是欧博萨的主意，因此亲朋好们坚持让欧博萨的孩子先行起诉。当时，欧博萨最大的孩子不过三岁半，最小的才9个月。因此这个案件的名称就是"未成年的欧博萨"。

这次诉讼的原告是安东尼·欧博萨和他的孩子们、其他的儿童及其父母、未具名的未来的儿童以及菲律宾生态网络，被告是环境与自然资源部部长法克托兰。不论部长法克托兰的个人感情如何，此次诉讼将由宣誓维护政府行为的国家律师代理。最开始，这个诉讼被定位为"纳税人诉讼"，原告将代表菲律宾全体人民。该案起诉状采用了美国律师很少敢采用的夸张修辞："对祖国至关重要的生命支持系统在流血，对地球母亲的奸污在继续"，认为被告违反

第三章 | 未成年的欧博萨
（菲律宾）

了宪法中的环境条款。他们的诉讼请求并无其他，只是要求取消所有的伐木许可证，并停止受理新的许可申请。

他败诉了。政府提出申请，要求驳回起诉，然后这个案子就被搁置了将近一年的时间。最终，在没有任何庭审程序和口头辩论的情形下，初审法院认为欧博萨的起诉缺乏事实依据，"其中充满了含混不清的假设、模棱两可的结论，作为基础的数据未经证实"，并且在法律依据上更加缺乏。起诉状没有以"充分的确定性"指出"希望实现的具体权利"或者"希望阻止的具体法律损害"。你可以听见法院之所想，那就是禁止伐木是没有法律依据的。另外法院还认为，争议中的伐木许可证充满了"政治色彩"和"公共政策"，法院对之进行司法审查违反了宪法规定的三权分立。本案是政治事项，应由行政部门决定。以上这些还不够，初审法院补充道，无论宪法中有多少关于健康环境的条款，它同时也保证着契约不受他人损害。欧博萨请求的救济不仅仅是破坏了政府与伐木企业之间的契约，更是企图抹煞它们。这无疑是对欧博萨"家庭小分队"的三重打击，然而第四重打击还在路上。

就在欧博萨上诉至最高法院时，司法部副部长找到了一个新的抗辩理由。他质疑欧博萨是否有权代表全体菲律宾人这样一个弥散性的团体，更不用说还未出生的孩子们了，这种代表是没有法律依据的，听起来更像是一种狂妄自大。谁能够代表一些素未谋面的人呢？这些人甚至不知道这场诉讼的存在，更别说那些还不存在的"人"。但欧博萨还是不想放弃他的理论，他找到了美国学者的相关论文，该文中使用了"代际公平"一词。所谓"代际公平"，是指

067

夺回伊甸园

一代人对其后代人具有一种义务。这一术语极大地引起了欧博萨的兴趣。他之前从未听说这一术语,但是下一代这个概念一直是他自挪威归来后的思想核心,并且他确信菲律宾新宪法规定的健康环境权含有此意。但在这一点上他没有任何法律先例可循,包括其他国家的先例,甚至在法律著述上都找不到,而一般来说法学著述先于法律发展。他只有靠他自己了,自此这一诉讼的胜负只能取决于他的论据以及法院的判决,然而事后证明这是可行的。令人惊讶的是,欧博萨的每一个观点都被菲律宾最高法院采纳了。

最高法院的判决是由希拉里奥·G.达维德(Hilario G. Davide)法官撰写的,该法官是最高法院最新上任的成员,其他10名法官同意达维德法官的意见。达维德法官的判词读起来就像一首诗,有些部分又像是欧博萨自己撰写的。判决首先讨论了未出生儿童的问题,达维德认为欧博萨有权代表他的同代人对于环境质量的利益,同样也有权代表将来世世代代的环境利益。宪法提及"自然的节奏与和谐",法院认为,这种权利可以自然地从宪法条文中读出。对"节奏与和谐"的维护,需要"管理、更新和保护"国家的资源,只有这样才能保障"当代人和将来世代人公平地获取"这些资源。因此每一代人都承担着为后代人保护自然的义务。该义务就是原告主体资格的依据,这不仅是为了保护当代人的权利,也是为了保护后代人的权利。

到目前为止一切还算顺利,但到此时为止,该案判决还限于诉讼程序问题。法院判决的后面部分更为大胆。达维德法官宣告,宪法不仅赋予了诉讼的权利,同样也赋予了保护环境的权利。这种保护是非常根本的，即使宪法没有规定，也可以从自然法推知宪法包含该项要求。他写道：该项原则"在人类诞生之初就被认为是存在的"，它是一种寻求自我保护的生态性权利，如果这种权利都不是默认存在的，那么"我们失去所有的那一天将不会遥远，这不仅是针对我们这一代人，而且也是针对后代人，后代人将得不到任何东西，留给他们的只有炙热的无法支撑生命的地球表面"。

已经向前走了这么多，法院不会允许宪法中有关契约损害的条款阻挡它的去路。法院认为伐木许可证根本不是法律意义上的契约，而是可以基于公共福利予以撤销的行政许可。法院接着说道，即便将它看作一种契约，根据本案的事实，将其撤销也是对警察权的正当行使。最后，法院讨论了是否应当将该案争议留给政治程序处理。本案并不涉及政治或者政策形成过程。本案实际上是如何保障公民的法定权利。而且，即使对政治有所涉及，宪法已经扩大了法院的司法权，法院有权审查政府部门是否存在"严重滥用裁量权"的行为。环境与自然资源部有权发放伐木许可证，但是我们也有义务去审查。

以上是参与庭审的 11 名法官中 10 名法官的意见。这四项结论每项都得到了 10 票支持，这在美国上诉法院的案件中是很难想象的，更别说美国联邦最高法院，历史上的任何时期都是如此。这次判决犹如炸弹，而且不是一颗，而是几颗。人们也许会问，这样的司法判决是如何产生的呢？无疑不是任何唯一的因素造成的，但是人们可以合理地想到好几位作出贡献的人。

夺回伊甸园

左,菲律宾最高法院法官希拉里奥·G.达维德。中,达维德法官夫人。右,安东尼奥·欧博萨。达维德法官为未成年的欧博萨案撰写的判词,赋予未来人以法律权利,仍然激励着全世界为之奋斗。照片由安东尼奥·欧博萨提供。

就像菲律宾整个国家一样,本案的法官刚刚从几十年的准独裁统治中解脱出来,重新主张其司法角色。与此同时,20世纪80年代晚期,菲律宾国内掀起了第一波环境保护热潮,尽管这股热潮在10年前就席卷了美国。当时,菲律宾宪法所做的那些影响深远、热情高涨的宣誓性条款墨迹未干。政客们也许还没有准备好,但是司法部门不论在哪个国家都是容纳了大量高素质人才的地方,都是政治化最轻微的权力部门,能够摆脱旧俗的束缚,迎来新的改变。达维德法官就具有这种改变意识,他在一个个案件的历练下逐渐掌握了环境知识,并继续为全球观众讲授环境保护中司法独立的重要性

第三章 | 未成年的欧博萨
（菲律宾）

以及提高公众法律素养的紧迫性。总之，他与安东尼奥·欧博萨不谋而合。

最终，决定这个案件的是对事实作出的强烈、持续的主张，对这些事实无法回避。法院详细复述了欧博萨的主张，那是一系列恐怖的事实，法院对此表示认同并被深深打动。菲律宾已然将其最宝贵的自然资源变成了负债，并在此过程中使所有菲律宾人变得贫穷。似乎没有其他方式阻止这种改变。有时，棘手的案件能成就伟大的法律。

陆

乍看之下，在"未成年的欧博萨"案前后，菲律宾人的生活并无改变，太阳依旧东升西落，在菲律宾的每一个岛上，开发资源以获得短期利益与养护资源以实现长久生存之间的矛盾仍然继续着，这个矛盾也在地球的任何其他地方继续着。推动这个案件的那些大树仍然不断倒下，只是速度降了很多，但是也是因为已经没有多少可供砍伐了。就在菲律宾最高法院判决之后，这个案件又回到了初审法院，由初审法院审查每个伐木许可证……就这样，这个案子销声匿迹了。欧博萨和他的孩子们也再无办法了。1991年，一场热带风暴席卷了菲律宾岛，导致一处新近砍伐的山体发生滑坡，泥土淹没了山下的村庄，造成了上千人的死亡。1999年，另一场暴风雨同样造成了山体滑坡，当然这也是一处裸露山坡，也造成了山下村民的死伤。2006年菲律宾又发生了相同的灾难，上百人失去了生命。人们也许会对未成年的欧博萨案得出没有带来任何改变的结论。但是，这个案件确有自己的影响。那些说没有带来任何改变的人，是只见树木，不见森林。

最高法院的判决对于菲律宾本国的伐木许可证是一个法律上和心理上的沉重打击，伐木许可此后再也没有恢复到以前的程度。就在案件审理之中，环境与资源部部长法克托兰就发布了一项行政命令，禁止对尚存的原始森林进行新的采伐。这次诉讼给了他所需要的政治外衣，这样他才能采取行动：环境保护主义者在施加压力，媒体舆论纷纷哭诉，法院也在审查他们的项目。就在欧博萨开始关注环境问题时，未到期的伐木许可证数量为142个，当他提起诉讼的时候降到92个，案件判决时还剩下41个，到2001年仅剩下19个了。截至2006年年底，尚余3个许可证尚未到期，一个处于非活动状态，还有一个正在审查之中，所有的都将在5年内到期。菲律宾的森林年消失率已经下降至2%。很明显，所有这些下降都不是法院直接命令的，但这样的结果早已注定，因为现在有一辆战车跟在政府身后时刻鞭策着它。

但是，取代伐木许可证的是大量的非法采伐。采伐原始森林会带来巨大收益，这些森林多处在偏远地带，加之监管不力，所以那里的树木还在不断倒下。在安东尼奥·欧博萨的继续推进下，菲律宾政府开始采取行动，取缔违法采伐据点。自1995年开始采取该项行动以来，已经有接近200名非法采伐者被定罪，而就在几年之前这个数字还是零。政府还尝试发布了出口禁令，宣布要像追踪危

第三章 | 未成年的欧博萨
（菲律宾）

险废弃物那样追踪木材运输，多次开展执法突袭，但是新闻标题讲述了这样一个个悲伤的故事："鉴于非法采伐，环境与自然资源部取消了8000个伐木许可证""14起盗伐案件违法者落狱""请求禁止石兰（Shilan）森林非法砍伐""据传马德雷山脉（Sierra Madre）盗伐仍在继续""反抗组织宣称卡罗加（Caroga）地区的采伐部门存在合谋""奎松（Quezon）环境与自然资源局举起斧子砍树"。超过2000万的菲律宾人居住在内陆地区，他们中的大部分都是原住民，而一些匮乏木材的国家愿意以任何代价换取木材，所以非法砍伐的诱惑是难以抗拒的。

因此保护森林的战斗仍在继续，而且蔓延到了俄罗斯、印度尼西亚、巴西以及那些还存有原始森林的地区。而在利比里亚，正是这些偷伐滥伐者资助了查尔斯·泰勒的血腥政权。婆罗洲（Borneo）最后一片本土森林，同时也是人类（Homo sapiens）的近亲属红猩猩的家，将会在未来10年内从地球消失。人们发出了勇敢的声音。巴西生态学家奇科·蒙德斯（Chico Mendes）公开发声，对抗亚马孙地区的非法采伐，但他却被暗杀了。利比里亚人希拉斯·卡浦南·阿宇灵·西亚克尔（Silas Kpanan'Ayuning Siakor）因为冒着人身和家庭遭受的巨大威胁在非洲西部森林开展反偷伐行动，最近受到表彰。他解释说，"我们不仅仅是为树木而战，这是一场维护社会公正、尊重人权的战役"。他的想法与安东尼奥·欧博萨如出一辙。

同时，未成年的欧博萨案的法院判决持续在菲律宾国内回响，它为有关环境保护的判决提供了支持。该案判决已经在8个案件中被援引，并且都是肯定性地援引，通常被用于支持原告的起诉主体资格。尽管原告都包括当代人，但是将后代人作为利益攸关方加以承认，能够使案件争议得到全新的认识。对于国民财富总额的性质、可持续发展到底是一个美好的想法还是一项法律责任，等等诸如此类的问题，该案都提出了挑战。根据未成年的欧博萨案的法院判决，可持续发展当然是一项法律责任。该案的法院判决本身就在菲律宾国内投下了一颗炸弹。

也许迄今为止对未成年的欧博萨案最闻名遐迩的一次肯定性援引，是近来发生的一起污染控制案件，此案原告是名为"马尼拉海岸边的担忧居民"（Concerned Residents of Manila Bay）的自发形成的组织，被告是菲律宾的十几个政府性的或者私人企业性质的实体，它们中的每一个都有合法的理由主张污染是其他人造成的。原告的起诉非常大胆、全面——事实量大（菲律宾全国污染最严重的水体），公众知晓程度高（就在马尼拉海岸），被告各种各样（包括非正常运行的污水处理工厂、港口管理部门、农业部、渔业部，还有一些经营化粪池的私人企业以及排污工业企业）。他们的诉讼请求也很大胆——要求法院判令这些被告将马尼拉海岸清理干净。几乎没有任何法院能接纳这样的诉讼请求，但是有一个法院受理了该案。该法院宣称："要求司法部门在环境保护中发挥作用是现在的大势所趋。法院如今应当作为当代人和后代人的守护者。就自然环境而言，当代人对后代人负有托管人的义务。"法院在判决时引用了未成年的欧博萨案，并对每一个被告作出了判项，要求每个被告承担各自的义务，包括安装污水处置设施、处置船舶排放的污染物、提供清洁的垃圾填埋场。这些判项听起来就像是原告律师写出

第三章 | 未成年的欧博萨
（菲律宾）

来的一样。该案的原告律师就是安东尼奥·欧博萨。

最后，未成年的欧博萨案之所以如此重要，恰恰是因为它抱负远大。该案的法院判决使用了圣经式的语言。该案为我们这个时代设定了一个必要的目标，这个目标的必要性就像正义、和平这些难以捕捉的概念一样。它像一位预言者，将思考如何完成此项工作的任务留给了后人，法官和法律学者们正为此绞尽脑汁。此案的法院判决开始被各种法规、条约、新闻报道援引，此类主张久久回响，我们以其为行动指引。未成年的欧博萨案最重大的意义是告诉了人们，环境不仅重要，而且非常重要。

安东尼奥·欧博萨的关注点从森林回归海洋，那是让他第一次关注环境的地方，那时他还在班塔延岛海岸捉鱼为食。米沙鄢海（Visayan Sea）是世界上物产最丰富的水体之一，这个呈三角形的海域从菲律宾南岸流向婆罗洲和印度尼西亚。它被称为"太平洋中的亚马孙"，这里的物种如此丰富，每一平方公里珊瑚礁中的珊瑚种类比整个加勒比海的珊瑚种类还要多，这里还生活着1.2万种鱼类，直到人们开始炸鱼，使用氰化物毒鱼。过度捕捞造成了几乎所有海洋生物的丧生，当然还有全部的珊瑚礁。这无疑是另一场菲律宾森林灾害，只是这一次是发生在水下，不容易被公众看到罢了。

欧博萨把这场灾难视为自己的灾难，并开始采用他典型的"迅

夺回伊甸园

速、有力、公开"的风格,开展了一次次执法突袭,就像本章开头描述的那样。他劝说政府授权当地社区管理附近海域,并创立了米沙鄢海执法小分队,这个小分队由100艘当地船只组成,主要负责在珊瑚礁附近巡逻,监督渔船,打击非法捕捞。这个执法小分队的发言人是欧博萨非常亲密的同事,他也是当地渔民,名叫埃尔皮迪奥·德·拉·维多利亚(Elpidio de la Victoria),人们更多时候称呼他九九(Jojo)。因为组织执法行动,对抗炸鱼和毒鱼行为,欧博萨和九九树敌不少,他们受到生命威胁,当然世界其他地方的环保主义者也会常常遭遇这种情况。但是欧博萨和九九面对的不只是威胁。2006年4月12日,九九在塔里扎伊尔市圣罗克(San Roque,Talisay City)他的家门前被连射四枪,次日他便离世了,而射击者最后被证实是一名警察。直到写作这本书时,枪击事件的幕后主使还没有被找到。

左,菲律宾国家调查局的一名官员。中,安东尼奥·欧博萨。右,埃尔皮迪奥·德·拉·维多利亚,又名"九九",米沙鄢海执法小分队队长之一,在拍下本照片之后不久在家门口被谋杀。照片由安东尼奥·欧博萨提供。

第三章 | 未成年的欧博萨
（菲律宾）

安东尼奥·欧博萨是一位乐观主义者。他在《自然之法与它的故事》一书中写道，危机一词在汉语中是由"危"与"机"两字构成的，意为危险和机遇。就在九九被杀之后，欧博萨曾致函全世界的环保同仁，他说他并不惮于承认自己也会感到害怕，但是"我们能将危机变成机遇，这不仅仅是为了我们自己，更重要的是掀起菲律宾海洋保护浪潮"，就像掀起森林保护浪潮一样。

当然他最为人所知的行动还是未成年的欧博萨案，它既像悬浮在法律地平线上的海市蜃楼，又像是一种挑战。人类能否实现生活在"自然的节奏与和谐"之中，正如菲律宾宪法所规定的，最高法院所援引的，都是我们这个时代的未竟之题。目前，这似乎遥不可及，但是前方的灯塔依稀可见，那束光芒令人神往，我们还要不断尝试，砥砺前行。

GREAT WHALE

第四章

大鲸河

（加拿大）

> 大坝建成了，这里的动物们该去哪儿呢？北美驯鹿不知道它们能去哪儿。
> ——山姆逊·那哈卡帕（Samson Nahacappa），克里族猎人

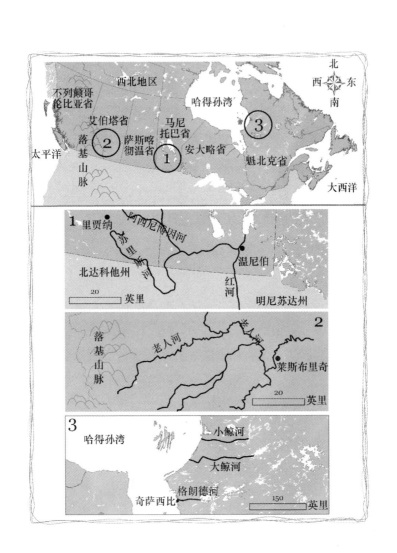

壹

  1981年夏天，魁北克市的街道上出现了一群不同寻常的游客，他们惊叹这里高大的建筑，也感叹这里拥挤的交通和肮脏的路面。这群游客穿着各种各样的衣服，有从商场购买的服装，也有毛毯和羽毛，还有的人穿着皮草。他们用既非英语也非法语的方言互相交谈，有时他们之间也存在语言障碍。他们确实与周围环境不合，甚至与这个时代不合。他们是印第安克里族人（Cree Indian Nation），世代狩猎、捕鱼，居住在距离魁北克市800英里之外的加拿大高地。他们并不是来此度假的，他们来这里是为了向联邦法院诉说他们家乡糟糕的自然环境，希望有非印第安裔的法官能够听懂他们的话。他们正在试图保护他们的族人生活了五千年的民族聚集地，而这块地方不久之后将会沉入水下。他们的诉讼之路将持续十年之久。

  克里族人案经历了一个诉讼三部曲，催生了加拿大环境法，震动了加拿大政府的心脏。这几个案件遭到猛烈的政治攻击和群众的愤怒指责，这些攻击者非常自信，甚至认为不需要解释什么。反对者走上街头示威游行,联邦和各省政府官员报以辱骂,有人因此进了监狱。加拿大人开始用"惨败""窘境""一堆烂摊子"等词语来形容这个诉讼。这些案件针对的是一系列水利工程,一个比一个庞大,到大鲸河水利工程时达到了顶峰。魁北克渴求这项工程,而克里族人坚持反对。但是双方的敌对始于更早的拉弗蒂水坝(Rafferty Dam)工程和老人河水坝(Oldman Dams)工程,这两个水利工程都位于加拿大西部平原地区。

来到北美定居的人在任何地方都没有发现容易采摘的东西,在落基山脉东部,情况更加严酷。经不住铁路项目的哄骗,人们来到大草原上定居,开荒种地,铲除本地的植被,种上小麦。他们居住在草皮屋里,忍受寒冬。他们的庄稼,成也雨水,败也雨水。那时的农学家宣称,"耕作能够带来雨水"。他们的理论是,耕作后的土地会释放出水汽,而散发到空气中的水汽能够促进雨水降落,从而形成一个循环。而事实正像我们现在看到的,相反的结果发生了。

为时已晚,当草原失去植被之后,就变成了干旱沙尘暴区(Great Dust Bowl)。起风的时候,雨雪裹挟着尘埃,天空变成了黑色,淹没了路边的电线杆,一直蔓延到东边的芝加哥和奥尔巴尼。一位曾居住在这里的加拿大人说起一个笑话:一位居住在萨斯喀彻温省（Saskatchewan）的农民出门耕作，最后却发现土地跑到了马尼托巴省（Manitoba）。当沙尘暴终于停息下来，人们的解决方案是建造更多的水利工程。拉弗蒂水坝就是第一个上马的水利工程。

乔治·胡德（George Hood）因拉弗蒂水利项目而闻名。他没有任何工程学的学历背景，但却作为一名公共项目规划者，被萨斯喀彻温省邀请来设计拉弗蒂水利项目。他来到这里，看见这个地区的人们依靠小油田和运河维持最低限度的生活保障，油田为当地居民提供了少量收入来源，运河有助于利用苏里斯河（Souris River）的河水。河水对于当地居民至关重要，有水就有饭吃，无水就要挨饿。不论是对胡德来说，还是对于萨斯喀彻温省全省的政治生态，都需要建设一座大坝，这是一条突围解困的直接方法。当时，《多伦多星报》（Toronto Star）刊出一篇题为"拉弗蒂水坝将导致30000只鸟死亡"的报道，一点都没有引起人们的警觉。

当时没有想到，对水坝工程最大的阻碍是萨斯喀彻温省野生动物协会的一群猎人和渔民。在"环境"一词尚未被创造出来之前，户外爱好者组织就已经是推动自然保育的引擎了。在黑风暴之后，美国水禽猎人需要就其狩猎许可证和子弹缴纳联邦税款，税款被用于购买湿地。现在他们看到这些湿地受到政府工程建设活动的影响。他们在华盛顿特区拥有自己的游说团体，那就是美国野生动物基金会。20世纪70年代初，当环境诉讼兴起的时候，他们也开始提起诉讼。没过几个月，他们就起诉了美国陆军工程兵团。

与此同时，在国境线以北，加拿大野生动物协会却是一个松散的户外体育爱好者组织，漫无目的，漫不经心，经费仅够租用办公室。1985年一位名叫肯·布里纳特（Ken Brynaert）的企业家提出发展该组织，以便适应时代。他对野生动物协会的董事会说，他只需要15万元的启动资金就够了。他说，"不会超过一个星期"。加拿大野生动物协会董事会主席奥威尔·埃里克森（Orville Erickson）说，"那我给你一个星期的时间"。碰巧的是，当时奥威尔正在担忧拉弗蒂水坝工程。他常猎捕水禽，而水坝工程可能会杀死3万只鸭子，这是一个大数目。

由于只有七天时间准备案件，布里纳特马不停蹄地搭乘飞往华盛顿的第一班飞机，去见美国野生动物基金会的首席执行官汤姆·金博尔（Tom Kimball）。金博尔此前先后在亚利桑那州和科罗拉多州担任渔业和狩猎局的局长，在户外圈中享有很高的声誉。他还是一名虔诚的摩门教徒，还会插科打诨地说些俏皮话，有胆魄并且知道自己该去做什么。金博尔向布里纳特提供了借款，以便启动案件，并欢迎布里纳特进入大家庭。就在那里，布里纳特见到了美国野生动物基金会的律师，了解了环境诉讼。

1987年加拿大野生动物协会和美国野生动物基金会在魁北克举行了联合会议，通过了一项决议，反对建设拉弗蒂大坝工程。他们还通过了一项不信任动议,对加拿大环境部部长未能阻止该项目提出抗议。布里纳特亲自将这项动议在酒店房间里交给了环境部部长。他们也有一个难题,那就是他们并不清楚环境部部长对拉弗蒂水坝工程是否具有管辖权。

肆

加拿大的政府治理结构和美国人认为他们自己在两百多年前创造的治理结构很相似:联邦是由各省组成的合伙组织,位于渥太华的联邦政府仅有很小的权限,其余权利都保留给各省。当然,当联邦宪法代替邦联章程之后,美国就开始向这种模式告别了,并且渐行渐远。但是加拿大至今仍然坚持这种州权模式,并且不断受到现代政治需求的考验,包括环境保护需求。

这里还有另外一个政府治理原则,涉及司法机关。创设法院的目的是解决私主体之间的纠纷,法院不制定政策,也不否定民选官员制定的政策。美国也打破了这个模式,在很早的时候,美国联邦最高法院就宣告自己有权认定政府行为违宪,甚至有权认定法律违宪。通过行使这种司法权,美国法院在反种族隔离、校内祷告等社会问题中都逐渐发挥了重要的作用。然而,加拿大法院认为自己绝不能像美国法院那样,也拒绝主动加入任何争斗之中。现在,环境问题将对加拿大法院的这些处世哲学好好检验一番。

夺回伊甸园

这场诉讼中的根本问题有如下几点：不论是1787年美国制宪会议的代表们，还是1867年加拿大宪法的起草者们，对于环境问题都没有任何理解。两个文件中没有任何类似"环境"的字眼。如果在一个国家中，没有赋予联邦的所有权力都属于州权，那么联邦政府似乎没有任何保护环境的权力。随着时间的推移，美国法院通过对州际商业条款进行扩大解释，为联邦政府提供了环境保护权力。当环境问题到来时，没有人知道加拿大如何分配与环境有关的权力。

位于渥太华的联邦环境部规模很小，几乎没有处理环境问题的任何经验，没有足够的权力，远离各省的行动，对各省的政府行为几乎产生不了什么影响。不论政府部门还是产业界，都很惧怕国境线以南的近期发展，那里有他们从未听说过的环保组织，这些环保组织将新的法律问题交给法院，阻碍了政府和产业界喜欢的项目。另一方面，环境保护这一概念已经引起了公众的注意，公众认为环境保护是一件值得开展的工作。政府摸着石头过河，在没有明确的制定法支持但是又面临着公众压力的情况下，环境部在20世纪70年代早期临时性地发布了一个框架性的指令，建立了环境影响评价程序。环境影响评价程序由新成立的联邦环境评价审查办公室（Federal Environmental Assessment Review Office）监管。很不幸的是，这个办公室的首字母缩写是FEARO，让人联想到"害怕哦"。虽然环境影响评价程序在文件中出现了，但却在实践中销声匿迹。就在这个时候，拉弗蒂水坝案发生了。

第四章 | 大鲸河
（加拿大）

伍

由拉弗蒂水坝引起的事件一波接着一波。第一个案件发生于1986年，是由那些土地将会被淹没的农场主提起的。当这些农场主的代表在省议会中就该项目对养殖业带来的影响表达不满时，省长是这样回答的："历史会告诉你，哪些你知道，哪些你不知道，养殖业者将会坐满一大屋子，我的孩子。""我的孩子"，这就是政府的态度。从此开始，这个案件的方方面面都将这个态度表露无遗。

改换请求之后，案子又到了加拿大联邦。这次他们有了新的主张，他们认为不仅萨斯喀彻温省违反了法律，联邦环境部未经环境审查就通过了此项目，也同样构成违法行为。公共舆论指责愈演愈烈，这个时候拉弗蒂水坝项目变成了一个烫手的山芋，环境部当然想置身之外。环境部长争辩说，关于成立环境评价审查办公室的指南没有对环境部规定任何责任，指南仅仅是建议性的，并非法律。初审法院并不认同环境部的观点。法院认为，环境评价指南并非"仅仅是描述性的"，而是创设了可以强制实现的权利。法院判决导致了具有一定讽刺意味的情形：环境部通过该指南建立了可以强制实施的法律，做了它通过议会立法永远都无法做到的事情，现在它自己被陷进去了。

过了不到两个月，上诉法院维持了初审法院的判决。肯·布里纳特当时就在庭审现场旁听，他说法官甚至没有休庭讨论政府的观点,他们只是轻声交换意见,就决定驳回上诉请求。当乔治·胡德团队知道上诉结果后,感觉像是已知世界的末日到了。他们信心满满,觉得一定会赢。他们觉得那是自己的水坝,和渥太华没有关系。一位地方立法者说,他经常被人拦下,感觉"就快疯了","实际上那些人根本不关心环境,飞向月球可能比环境问题更能引起他们的兴趣"。胡德升级了政治斗争策略,甚至还拍了一部名为《沙尘暴里的梦想》(*Dreams in the Dust*)的电影。电影的主角是一名寡妇,她的丈夫就是因为听到水坝项目将要延迟的消息,心脏病突发而死。胡德又发起了新一轮的进攻,他的这个战斗故事后来的标题是"让他们活得更好"。

在获得了它本没追求的职权之后,加拿大环境部(联邦环境部已经改名为加拿大环境部)不得不开展令人畏惧的环境审查工作。迫于压力,他们并没有发现任何重大的环境问题,所以通过了此项目,并且希望案件就此结束。但加拿大野生动物协会并没有就此罢休,它再一次将环境部告上了法庭。法官警告道:"如果他或她被法律赋予了一个国家政府高级官员的角色,那么就应该谨慎地履行这种行政职责,这也是一名联邦政府部长该做的事情。这是显而易见的。"这样,环境部再一次如坐针毡。法院不仅要求环境部再进行一次环境评价,还要求必须由独立的审查组来完成这项工作。乔治·胡德及其支持者提出了一个很美好的提议。环境部将独立开展审查,但是环境部应允许胡德收购土地、开展项目建设。渥太华联邦政府应进一步同意赔偿萨斯喀彻温省因项目拖延所遭受的损失,赔偿金额以1000万元为限。加拿大环境部同意了,胡德团队开香槟庆祝胜利。

这种结果是非常荒谬的。对这个水利建设项目，一方面加拿大政府正在组织独立审查；另一方面，加拿大政府还需要对项目拖延承担赔偿责任，更不用说最后的结果是彻底否决这个项目，或是启用其他替换方案了，这些成本都需要联邦政府承担。在水坝建设实务中，倒下去的水泥具有决定性的意义，一旦开始施工，十有八九都会获得法律支持。正如胡德事后骄傲地回忆道："工程作业每天都到深夜，几乎每周不停歇，全天24小时都在工作，直到冰冻期才停下来。"当地居民搬出椅子坐在草坪上观看施工。拉弗蒂诉讼确实将环境政策从台后带到了台前，但是环境政策还是没能赶上趟。

陆

大鲸河案件三部曲的第二章也发生在加拿大西部。老人河发源于艾伯塔省（Alberta）境内的落基山脉，雪山消融形成河水，流向广袤的大草原。据说乌足族印第安人（Blackfoot Indians）穿越白令海峡，来到了这里，但是他们族内流传着另一个关于他们种族起源的传说。他们是被奈彼（Naipi），也就是老人，放到了这里，正是老人创造了整个世界。在教会他们如何捕猎和生存之后，奈彼就回到了高山之中，也就是老人河（Oldman River）发源的地方，当然这也是"老人河"这个名字的由来。迄今，乌足族印第安人在此地生活已经超过 12000 年了。

裴根（Peigan）是乌足族印第安人最大的一个部落，他们主要靠猎杀水牛为生。早在 19 世纪初期，欧洲皮草商人第一次遇见他们时，他们就统治着这片平原，从加拿大落基山脉东至艾伯塔、南至美国蒙大拿州，都是他们的领地。当冰雪降临时，他们就像奈彼那样躲到老人山谷里，直到春天他们再回来。冬季他们主要的活动场所位于克罗洛奇河（Crow Lodge Creek）和老人河的交汇处，河水流向平原，河两岸的杨树林像缎带一样。老人河的水涨水落就标志着裴根部落的四季变化，裴根部落根据水涨水落安排劳作祭祀。对加拿大政治运动家、"出生时就长着一颗牙齿的米尔顿"（Milton）来说，老人河就是一个"富有宗教色彩的生态系统"。然而，对来到这片土地的白人来说，仅仅意味着"水资源"。

第一批来到这里的白人企业家是一些来自美国蒙大拿州的威士忌商人，他们要求加拿大自治领政府派来骑警，建造要塞，其中第一座要塞就是"胡派阿堡"（Fort Whoop-Up）。后来，白人移民接踵而至。裴根部落将他们视为外来入侵者加以积极反抗，但是从一开始就在武器装备上弱于对方，然后在几十年内又大批死于饥荒，最终认输。1877 年，裴根部落将他们的大片领地交给了政府，作为交换，他们得到了老人河附近一小片保留土地。在这里，他们经营农场失败，最后被酒精、天花和其他疾病压垮了。到 20 世纪初期，乌足族就只剩下 250 人了。八十年之后，他们宗教和文化的所有有形标志都流进老人河了，老人河在这里流出了大山，来到了平原。

这种情况一直维持到第二次世界大战结束，那时归家的士兵和

第四章 大鲸河
（加拿大）

一大波新的移民又将视线投向这片西部土地。联邦政府建设了几个水利项目，用来帮助这些移民，但是政府很快就发现在这片平原上引水灌溉是一宗亏本生意。就在渥太华联邦政府开始放弃这里的项目时，艾伯塔省接手了。艾伯塔省认为此地可以扩大农业生产，发展食品加工业，种植耗水的甜菜等农作物，值得一赌。艾伯塔省只有两个水源可供选择，其中之一就是老人河。

1984年，艾伯塔省省长宣布他要在老人河上建造水坝。他预计"水坝不会产生任何环境问题"。尽管如此，一个由农民逐渐发展起来的、尚无太多经验的组织还是提出了质疑。即使有人不嫌麻烦，回答了这些质疑，所做的回答也是闪烁其词。接着，对峙的两方阵营逐渐形成了。这些农民向环境网络寻求帮助，就在这时从卡尔加里市（Calgary）来了一名兽医。她叫玛莎·科斯塔奇（Martha Kostuch），原是美国明尼苏达州人，现侨居在一个名为落基山庄的小镇里，距离老人河地区还有6小时艰难的车程。科斯塔奇创立了一个名叫"老人河友谊协会"（Friends of Oldman River Society）的组织，她解释说："我们的意图是积极的。"随着老人河水坝事件的升温，引来了辱骂与威胁。有段时间，科斯塔奇不得不要求骑警监控她的手机以便监控她所受到的威胁。艾伯塔省政府的环境厅厅长肯·科瓦尔斯基（Ken Kowalski）将她的组织贴上了"抽大麻的无政府主义者"的标签。

随着两派战斗的凝滞，裴根部落内部开始出现分化。在极度贫困的情况下，部落一方面需要政府的救济，政府提出给予他们上百万元的资助以减轻水坝的影响，这些钱可以用来建学校，完善教育设施，提高居民的生活质量。但是另一方面，部落与老人河之间的联系是如此的紧密，连根带叶，不论是他们的物质生活还是精神文化，方方面面都离不开这条河流。哪一条路才是对整个族群负责任的选择呢？部落内部意见极端分化，而部落理事会投票决定既不支持、也不反对这个水利项目。部落内部一个名为"孤独斗士"的团体还保持着年轻勇士的古老传统。他们选择了一个更为大胆的立场，将发起抗争。他们的发言人正是"出生时就长着一颗牙齿的米尔顿"。

外人很难理解这场水资源诉讼中的各方为什么都这么固执，都这么不肯让步。在大多数诉讼中，原告都是为了获得金钱。然而，抵制拉弗蒂、老人河、大鲸河水坝项目的人所要求的远远不止于此，而且他们的要求也更难实现：他们要彻底消灭这些项目，让河水继续流淌。金钱在这里起不到一点作用。即使承诺只占用一半水源的提议，也是他们不可能接受的，因为无法将河流一分为二。当然了，你也许可以用钱买下这个极度贫困的部落，但是对于裴根部落的孤独斗士和老人河友谊协会来说，这些抗争如同抵御侵略、保卫自己的伊甸园一样，因为这些入侵者根本不在乎他们，这些侵略者就只是为其支持者抢占公共资源，破坏法律，对他们一点都不关心。

第四章 | 大鲸河
（加拿大）

艾伯塔省也有自己的雄心壮志，这种水利项目对他们来说意味着这片地区的未来。没有水，怎么能够耕作呢？而且，项目的设计者是合法选举的政府官员。在设计之初，这些人就视这些水利项目为自己的孩子，公共利益与个人抱负之间的界限很快就消失了。不仅这些项目处于危险之中，而且他们自己的前程也会跟着摇摇欲坠，于是就有了人身攻击和愤怒，因为他们与项目荣辱与共、休戚相关。除此之外，不需要费思就可以想到，还有另一外股更深层次的动力驱使着艾伯塔省坚持老人河水坝项目。艾伯塔省之所以坚持这个项目，也是为了抵御联邦政府对各省权力的蚕食，维护自己作为地方政府有权基于自己的最佳判断决定地方事务的权力。对于各省政府来说，这就像是一场内战。

老人河友谊协会提起了诉讼，这个诉讼可以说是热情有余、法律不足。在谈及对他们的诉讼请求的看法时，环境厅厅长科瓦尔斯基使用了夸张的语言，说这些诉讼请求是"荒谬的，毫无意义的，简直是无稽之谈。"然而，在诉讼过程中奇迹发生了，从萨斯喀彻温省传来消息，对于拉弗蒂案，法院命令环境部长遵守自己制定的有关联邦审查的规则。此后不久，法院对于老人河案也作出了类似判决：联邦环境部也应该对此项目进行联邦审查。一如往常，艾伯塔一面向加拿大最高法院提出上诉，一面加紧水坝工程的建设。这几乎是萨斯喀彻温政府行为的重演，只是这次艾伯塔省政府提交给法院的上诉状有所不同。艾伯塔省的上诉状涉及更深层次的问题，认为联邦环境审查制度违宪。

捌

就在这个时候，孤独斗士正准备亲自出马。他们对政府的不满可以追溯到一百年前，他们视那些割让土地的契约为"圈套"，因为这些割让土地的契约都是他们那些腐败出奇的白人代理人签订的。正如一位现在的部落首领所说："我们既不识字，也不会写字，我们当时还骑着马，射杀温彻斯特人。" 20世纪20年代早期，没有任何知会，艾伯塔擅自开凿了穿过乌足族聚集区的灌溉运河，裴根部落认为这是再次挑衅。到了20世纪60年代末，随着老人河水坝事件持续发酵，他们的不信任感和受伤感已经无可复加了。

眼见他们通过诉讼途径已经得不到解决办法了，加之项目建设近在眼前，孤独斗士组织宣布他们要举办一个"破土"仪式。他们从当地一家建筑公司租来一辆推土机，紧接着就朝大坝开去。米尔顿要求由自己亲自驾驶推土机。他的朋友短腿的艾德文（Edwin）回忆道，那天开战略会议时，他就坐在米尔顿身边，最后他们决定"必须有人自愿走进监狱"，如果不这样，没有人会理会他们的抗议，也没有人会关注法院的判决。这个时候，米尔顿站起来说道："让我来吧"。在野牛涧附近的新闻发布会上，米尔顿对大家说，孤独斗士们正在为他们的生活方式而战，"我再也不需要法院，再也不需要审查组，是时候将激情带回这个国家了"。在那个"破土"

第四章 | 大鲸河
（加拿大）

的位置，米尔顿和他的妹妹，还有一位佚名的裴根部落战士一起在沟渠堤坝上拍摄了一张合影。我们现在还可以看到这张合影，米尔顿留着一头长发，裸露着上半身，他长着一张宽脸，脖子上戴着护身符，微笑着。接下来发生了一起由于不信任造成的悲剧，还有一次不成功的沟通。

孤独斗士开始破坏水坝的导流运河。他们的机器陷进了泥沼里，他们就再发动一次机器。艾伯塔省政府要求与部落首领谈判，并答应绝不入侵他们的领地，但是孤独斗士按照自己的计划，进一步乘势挺进。后来，9月7日那天，在没有再次警告的情况下，艾伯塔省政府在皇家骑警的支持下进入部落领地，当然他们还带着很多重型武器。他们扣押了推土机，他们的直升机在上空盘旋，然后他们又向孤独斗士的营地推进。这次冲突中没有人员受伤，但是打了两枪，开枪的人就是米尔顿。

玖

让我们再回到渥太华，老人河水坝项目让加拿大环境部进退维谷。一位环境部官员宣称环境审查组的工作陷入了僵局，而这时水坝建设工程正在迅速进行着。当被问及在没有联邦许可的情况下，艾伯塔省政府是否能够建设该项目时，该省的一位政府官员说："我们当然可以，并且我们就在这么干。"

现在所有目光又都聚集在最高法院身上。不只是艾伯塔省提交了诉状，还有五个省份也都认为他们的地盘岌岌可危，最高法院需要在这些争论中开辟出一条道路。这些环保者的代理律师是布莱恩·科瑞恩（Brian Crane），他来自渥太华，不久之前他代理了拉弗蒂水坝案，并取得了胜利，现在他面对的还是那几位法官。1992年2月，法院作出了判决。人们往往只消看看法院判决开篇的几行文字，就能够猜出判决结果了。这个案子的法院判决是这样开头的："环境保护已然成为我们这个时代的重大挑战。"看到这里，科瑞恩知道他赢了。

像穿越灌木丛一般，法院先讨论了一个又一个制定法问题，然后开始讨论最核心的问题：在一个有限权力的政府中，在没有明示的环境权力的情况下，联邦环境审查是否合宪呢？对艾伯塔省以及其他省份来说，联邦环境审查就是一匹特洛伊木马，使得联邦政府得以深深侵入各省事务。从另一方面说，如果这些省政府是正确的，那么对于加拿大全国百分之九十的地方，联邦政府的环境保护工作都将成为历史。因为不想将他们认为有益的一项程序安排认定为无效，最高法院故意将一个问题分成两半，仅仅认定联邦环境审查程序并未真正侵害各省的权力。最高法院认为，该程序仅仅是帮助联邦机构开展工作，至少有理由认为这是联邦政府的一项职责。看来，各个省份必须开始适应这种新型伙伴关系了。

而随着时间推移，老人河水坝案也取得了胜利。

1992年5月，老人河项目环境审查组公布了审查报告。报告称，水坝工程是失败的，最好的选择是"拆除"水坝。但是，事实却是另一番景象。到审查报告公布时，水坝工程建设已经完成了80%。艾伯塔省政府环境厅长科瓦尔斯基又迅速站出来，声称这项报告"在技术上是不成熟的"。他还说，不论审查组如何说，水坝都会顺利完工。他是对的，艾伯塔省政府坚持己见，完成了这项工程。鱼类生物学家预言，水坝工程会导致这个地区的珍贵物种——欧鳟（bull trout）——走向灭绝。当然生物学家的预言也是对的。在大坝合龙三年之后，有杂志报道艾伯塔地区的欧鳟种群正"徘徊在灭绝的边缘"。面对这样的报道，政府迅速作出反应，艾伯塔省立法机关于1995年5月宣布欧鳟为本省的"官方象征"之一。问题似乎就这样被解决了。

裴根部落的境遇有所好转。2001年他们更改了部落名称，不再使用原来英文版本的名称，而是回归到自己本民族语言发音：皮肯（Piikan）。两年之后他们与艾伯塔省政府以及加拿大联邦政府达成和解协议，由政府支付6400万元的补偿金。短腿的埃德温说："可以这样说，如果不是米尔顿以及他的所作所为，我们今天也不会得到这6400万元。"

接下来就该轮到米尔顿承担后果了。他被指控犯有非法使用火器罪。第一次审判显失公平，这也让他成了全国名人。但是不可否认的是，他确实开了两枪。最后，经过再审，他被判处16个月的有期徒刑。在服刑12个月之后，他永远搬离了老人河。他曾经说过："我将用我的方式做事……他们最好在我回家之前就杀了我，否则我会战斗到底，直至死亡。"他并没有死，至少肉体上没有死。

面对国内媒体的反对声音，艾伯塔省政府有自己的对策。他们

夺回伊甸园

计划为老人河水坝举办一个盛大的开幕典礼。科瓦尔斯基厅长再一次展现了他的语言天赋,他将这一次盛会命名为"生命的节日:水之庆典"。这次盛会计划持续四天,包括划船比赛、儿童嘉年华、五百名人晚宴、加拿大顶级乡村乐队表演,另外还有教堂礼拜仪式。玛莎·科斯塔奇也是伶牙俐齿,她以其人之道还治其人之身,也给这次盛会起了一个名字:"死亡的节日:三河之死"。她还致电给要来这里演出的乐队,她问道:"你们知道你们在庆祝什么吗?"乐队随即取消了这次演出。不仅仅是孤独斗士组织,整个皮肯部落也都同样拒绝出席这场盛会。

最后,科瓦尔斯基厅长只好取消这次庆典,并指控有人犯有共谋罪。《卡尔加里先驱报》(*Calgary Herald*)质疑厅长有何依据,让他"拿出证据,报出名字,否则闭嘴"。他什么也拿不出。在取消公开盛典之后,科瓦尔斯基还是举行了一个替代性的庆祝活动。在一个七月的早晨,他安排 16 个人,骑着马,举着旗帜,来到大坝顶上,拍照纪念。电视节目《艾伯塔省面面观》说:"在艾伯塔南部,这样一个支持水源管理的决定是值得大家尊敬的。"而《卡尔加里先驱报》认为:"这更像是损害发生后的危机公关处理。"玛莎·科斯塔奇说,最好将水坝保留着,作为"政府愚蠢行为的纪念碑"。老人河水坝案就此结束,联邦政府的环境保护权力被确认是合宪的,但是没有赶上趟,老人河水坝还是建成了。

第四章 大鲸河（加拿大）

拾

> 魁北克省就是一座已具雏形的大型水力发电工厂，每一天，几百万千瓦时的发电潜能都奔流而下，流入海洋。这真是一种浪费。
>
> ——罗伯特·布拉萨（Robert Bourassa），魁北克省省长，1991年

事情发展到今天，印第安克里族人穿越了半个加拿大来到魁北克市，对这些项目中最大的一个，即大鲸河项目，提出反对意见。1971年4月，魁北克省政府宣布计划在加拿大高地建造有史以来最雄心勃勃的系列工程。加拿大高地在哈得孙湾（Hudson Bay）东边，这片地区有湖泊，有苔原，还有森林。这项工程将汇集20条天然河流，占地面积相当于整个法国国土面积。魁北克省政府还有更宏伟的构想，那就是在詹姆斯湾（James Bay）底部建造一条长100英里的堤坝，封锁这里的水源，将这里的水往西卖到远至加利福尼亚州的平原地区。整个建设过程分为三期，第一期是将六条河的河水全部汇入格朗德河（La Grande River），这样格朗德河的水流量将会增大一倍，接着将河水汇入地下发电室，这个地下发电室将会是巴黎圣母院的两倍之大。与这个工程相比，拉弗蒂项目和老人河水坝项目简直算不上是工程。魁北克省政府靠售卖电力就可以大笔盈利了。更棒的是，魁北克人不需要承受这些项目带来的负面影响，因为这些工程位于印第安克里族人的领地范围内，没有人会将这些告诉克里族人。

夺回伊甸园

接着两方对手开战了,他们都有各自不满的历史,也都在追求民族自决。一方站着魁北克,他们拥有自己的语言、文化、政治,他们一直在追求更大的自治权,即使不是为了完全独立。从英国的统治中走出来的魁北克人,不论过去或是现在,他们都最不愿意听从位于渥太华的联邦政府发出的指令。很难还会有比大型水电站更能够激起魁北克的雄心壮志的事情了。这是魁北克自己的项目,魁北克省政府会联合自己密友詹姆斯湾发展公司,建造并守卫这些项目。

对方是北美最大、功能独立程度最高的印第安民族。根据探险家麦肯齐(Mackenzie)的说法,克里族人是精明的谈判者,但是他们"天生慷慨,性情温和,并且诚实守信"。天主教的传教士也认同麦肯齐的说法,他们称这些印第安人"具有高尚的道德品质"。由于被白人驱赶,遭受疾病侵袭,印第安人已经失去了其他地方,唯有北部森林中的詹姆斯湾仍然处于他们的完整控制之下。这里冬天异常寒冷,夏季多雨,还有传说中咬人的昆虫。正是这些使印第安人居住的地方仍是一片净土,这里的人与自然也还处于平衡状态。

拾 壹

克里族人的态度很明确:这片土地是他们的,不允许别人随意侵犯。1971年他们提起了诉讼,他们的代理律师是一位印第安法专家，名叫詹姆士·欧雷利（James O'Reilly），热情洋溢、口才极佳，从骨子里都散发出爱尔兰气质。魁北克省政府的首席代理律师名叫雅格·勒贝尔（Jacques LeBel），这位律师碰巧是魁北克省省长罗伯特·布拉萨（Robert Bourassa）的姻亲，而这位省长正是詹姆斯湾项目的发起人和拥护者。对于魁北克团队来说，完全没有争议。他们是这样认为的：加拿大的土地属于各省，并且詹姆斯湾项目会让所有人受益，包括克里族人。

克里族案糅合了历史、宗教、伦理等问题，所有这些问题都围绕着他们的狩猎生活方式。现在，我们会用"环境"一词，但是在该案审判过程中，还没有词语开始用于表达克里族人与土地的关系。早期一位名叫弗兰克·斯佩克（Frank Speck）的人种志学者将克里族的狩猎活动称为"宗教体验"（religious occupation）。在常人的想象中，克里族印第安人要么是"环境圣徒"，要么是"随心所欲的过度开发者"，但是后来一位名叫哈维·菲特（Harvey Feit）的研究者对这种说法表示怀疑。他发现克里族印第安人的信仰实则混杂着天主教或犹太教教义。

狩猎是克里族人的生活组织原则。单单"狩猎"一词就包含着至少五种不同的含义，包括观察、捕获、养殖、繁殖等。万物有灵，与人类最近的就是动物。动物在合适的时间、以合适的方式，供人类猎获。成功的猎人会展现出保持自然平衡的能力，这样动物们才能持续繁殖。过量捕杀会让动物种群变得"愤怒"，从而剥夺对人类的优待。这种原则并不是说说而已，几个世纪以来克里族族长们负责监督各个狩猎区，每个狩猎区都在100平方英里以上，他们观察猎物、告诫猎人、限制捕杀数量。克里族人的这些做法，正是环保主义者们所说的生命的互相关联性和精神维度。现在的问题是，他们的传统还能保持多久呢？

当然这些都是白人无法理解的。对于省政府律师们来说，后来发生的就是一场"聋子对话"。省政府律师们在案件开始时，"并没有真心觉得有必要"，随着案件的缓慢发展，结果却发现法官们态度认真。马尔霍夫（Malhouf）法官尊重当地的证人。其中一位证人在交叉询问时被打断了发言，马尔霍夫法官问他是不是说完了。这位名叫比利·戴梦德（Billy Diamond）的克里族部落首领答道："差不多了。"法官说："还差着呢，如果你还没有说完，还有机会继续说。我在这里就是为了聆听你们的证词的。"在经过几天的证人证言之后，法官驳回了政府提出的驳回起诉的请求。法官认为，确实存在需要实体审理的争议。

本案的法律问题是法院从来没有审理过的新问题，而且是很重要的问题。这片幅员辽阔的土地真的是克里族的吗？当然，对于克里族来说，所有权这个概念就是反文化的。克里族猎人罗尼·乔立（Ronnie Jolly）作证时说道："这是荒谬的。认为一个人可以拥有土地的一切、土地之下的一切、在地上跑的一切，白人的这种观念是荒谬的。"对于金钱，特别是为失去的土地给予金钱补偿，他们也持相同的观念。威廉·莱特（William Rat）作证时说道："当你说到钱的时候，我并不真正知道钱的价值。我不常用钱。"他接着说道：失去土地"就像失去我的生命"。当他这样说时，他所指的当然是与土地之间的一种关系。对于盘问他的魁北克律师来说，这种

第四章 | 大鲸河
（加拿大）

关系非常奇怪，就像人与月亮之间的关系一样奇怪。

欧雷利提出的法律理由是，克里族和其他印第安部落的权利一开始就受到英国王室的保护，乔治三世曾要求移民"不得影响他们对该省这些地方的占有，正如他们现在所占据或占有的那样"。此后只可通过谈判签订条约方可改变这一理解。在本案中，后来没有签订条约。对于欧雷利来说，这些都意味着克里族拥有这片土地。

除了说克里族的这些主张都是荒谬的，魁北克省政府的观点是，克里族人多年之前就抛弃了他们所描述的这种生活方式，即使他们还在过那种生活，也是应该改变的时候了。一位政府律师问：克里族人也在使用舷外马达，这难道不是事实吗？一位克里族人回答：是的，但是我们也用独木舟溯游而上。律师又问：难道你们不使用机动雪橇吗？一位克里族证人回答：是的，但是当我们去看捕兽夹时，我们还是穿上雪地靴，使用狗拉雪橇。你们这些证人来到城市吃的是什么？难道不吃白人食物吗？回答是，"当我来到餐馆时，我真的吃不下这里的食物。"克里族猎人约翰·卡瓦皮特（John Kawapit）接着说："当我回到大鲸河时，那里是我的家，我能吃得更好，因为我能和过去吃的一样。"

但是这些克里族人说的是真的吗？一位克里族猎人被传唤到庭，要求就穿过其捕兽路线的詹姆斯湾进出通道的影响作证。他被要求将手放在《圣经》上起誓，保证所言真实。翻译跟他进行了很长一段对话，然后报告法官："他不知道他能否道出实情，他只能将他知道的告诉大家。"

103

在 78 天中，167 名证人向法院提供了证词，然后又经历了几个月的法庭审议，最后马尔霍夫法官作出了这个爆炸性的法院判决。马尔霍夫法官书写了 170 页的法院意见。对于法律问题，该判决认为，不论英格兰还是加拿大都将印第安部落视为一个个主权实体，承诺通过协议获得他们的土地，而非简单地通过征收的方式。马尔霍夫采信了这些克里族证人的证言，也采信了几位支持克里族的科学家提出的证据，这些证据表明，仅仅是通道建设和水坝工程的初期建设都会严重破坏这里的文化和克里族人的生计。马尔霍夫法官判决停止工程建设。

拾 贰

魁北克省政府的反应与萨斯喀彻温省和艾伯塔省如出一辙：先是不信，然后就违抗法院的判决。魁北克省政府认为自己遭到了抢劫，在收入、就业和安全方面遭受了灾难性的损失。所以，他们加快了项目建设进程。在法院作出禁令之后的周末，那时项目进程已经加快了两倍，魁北克省政府宣布了一项有关这个地区的禁令：凡运载记者来到这里了解情况的飞行员，都将会被吊销执照。同时，魁北克省政府提起上诉，并请求中止执行马尔霍夫法官作出的法院禁令。几天之内，上诉法院就对中止一审法院禁令举行了庭审。法官没有对政府一方提出任何问题，只询问了欧雷利律师，并且对他的事业不抱任何同情。法官们像对待一个异端分子一样对他发问：

第四章 | 大鲸河
（加拿大）

"好吧，欧雷利先生，你有什么要说的?"五个小时之后，上诉法院暂停了初审法院的禁令。水坝工程得以继续，但是就在这时，命运伸出了援手。

严寒持续了整个冬天，工程在主坝位置停滞不前。两支敌对的工程建设队伍这时闹翻了，在经过陆陆续续几次小规模冲突之后，其中一支队伍的工人抢占了一些重型设备，砸开了发电厂，并放了一把火。建筑公司被迫将所有在场的员工空运出去，加起来共有1400人，工程因此停滞了几个月。一位记者询问一位当地克里族人对这些事件的看法，这位克里族人回答说："如果你不在报道中指明我的话，我就告诉你，这肯定是来自地狱的禁令。"

然而，工程停滞是暂时的。第二年夏天上诉法院决定就格朗德大坝案的实体性问题开庭审判。这一次，魁北克省政府的上诉状简明扼要，并被法院全盘接受。上诉法院的结论是，加拿大高地并不是印第安克里族的家乡，魁北克海岸已经有白人定居，并且需要加以改良。马尔霍夫所描述的克里族生活方式已经是很久远的事了。这次法院意见由特金（Turgeon）大法官主笔，他写道："印第安人的日常食物也没有什么重要的乡村食物，他们现在吃的食物与市中心的人们吃的食物并无差别。"他还发现大量的克里族人"有着有趣的工作，他们打猎和捕鱼并不是为了生存，仅仅只是消遣。"法院判决认为，詹姆斯湾项目对克里族人来说将是一个"有益的冲击"（salutary shock）。这个项目会"帮助他们形成必要的变革政策"。同样，这对环境也是有益的。水坝并不会杀死鱼类和野生生物，恰恰相反，水库将会提高这里的生物种群数量，因为这里能让它们躲避自然灾害和洪水。上诉法院推翻了一审法院判决。

克里族人的第一次诉讼就这样在法院失败了,虽然政府无可避免地将会推进詹姆斯湾工程项目,但是随着案件产生的舆论效应却让政府不得不就格朗德河项目与克里族谈判。在没有任何现有法律支持的情况下,克里族承受着巨大的压力,争取他们能够争取到的任何东西。当进行谈判的时候,政府还切断了对部落的援助,增加谈判压力。面对如此大的压力,克里族人能够得到任何东西,都是很不容易的。

克里族唯一得到的就是《詹姆斯湾魁北克北部协议》,协议经过克里族和加拿大议会批准。根据该协议,克里族人不得另行提出土地权利主张,作为交换,克里族获得一小块保留地的所有权,以及两亿两千五百万元的补偿。格朗德水坝项目还将继续,但是其主要发电厂原来选址在一段激流之下,新的选址改为在这段激流之上,以便保护一处有重要历史意义和重大宗教价值的克里族聚集地。除此之外,项目再无其他任何改动,这一流域还是会沉入水下。

因此,魁北克省省长布拉萨认为这个项目是对加拿大北部的一次"征服"和开疆扩土。二十年之后,运营这些设施的魁北克水力发电厂在其宣传册上印着激扬的标语,鼓励读者"踏上能源之路","欣赏绝美的风光、明朗的天空,成千上万的魁北克工人在此建造了这座复杂的工程"。工程的建造者确实是成千上万的魁北克工人,但这里面却没有克里族人。事实上,截至1991年,只有5名格朗德本地居民为魁北克水力发电厂工作。格朗德镇一半人口处于失业

第四章 | 大鲸河
（加拿大）

状态，"嗜酒、早孕、离婚、自杀的现象高发"，全镇所有人都因此受苦。水电站大坝也将在自然状态下无害的汞转化为对鱼类和人类有毒的甲基汞。到 1984 年，针对居住在大坝下游的克里族人的一项研究发现，他们中 2/3 的人体内的甲基汞含量已经超过有毒阈值。魁北克水力发电厂的回应是，克里族人应该少吃些鱼。萨帕·弗莱明（Sappa Fleming）是大鲸河地区因纽特人的前市长，当他被问到这个项目对当地居民有何积极影响时，他说："好吧，在加拿大北部食品店中，有 6 种薯条可供我的孩子选择……我想这是一种进步。"

同样的"进步"也发生在这个地区的野生动物身上。当水坝的巨型水闸、导流洞放水时，大量的蓄水奔涌而出，这时会有上万只北美驯鹿淹死在它们并不熟悉的汹涌河水中。这片地区动物的迁徙模式被打乱了。一位老人说："那些鹅已经迷路了。"

克里族对抗詹姆斯湾项目的第一次诉讼还产生了两个影响，这两个影响对于克里族人或者其他任何人来说，都不算失败。第一，这次诉讼是一个政治化过程，此前克里族是由松散的家庭和部落组成的群体，此后克里族委员会逐渐成为政治中心，在政界、国际社会和正在发展的环保圈中都有盟友。第二，诉讼强调了法律根据的必要性，并且应当从正在形成的环境法中找到法律根据，而不是仅仅停留在印第安人自己所做的宣称。接下来就是大鲸河案了。

| 夺回伊甸园

拾叁

> 关于大鲸河流域的中心问题是：应该让这片区域的大部分都沉于水下吗？
>
> ——山姆·豪·俄尔霍俄克（Sam Howe Verhovek），《纽约时报》，1992 年

加拿大国内遍布各种特别的河流，即便是按照加拿大标准，大鲸河也仍然不失特别之处，就连记者、科学家等顽强拼搏、客观务实的人都能被它激发出创作诗歌的灵感。一位记者曾在文章中写道："当大鲸河从加拿大东北部奔涌而出，自东向西，汇入哈得孙湾，河边宽广的沙岸也要给那一片淡绿色让路，那是一片青苔地毯，上面镶嵌着露出地表的花岗岩。高出河岸的地方有一大片针叶林，这片伟大的森林里孕育着黑云杉和美洲落叶松，林间零星点缀着湖泊、沼泽和池塘。当一大群美洲驯鹿踏过这片土地，当上百万只迁徙的鸟儿在詹姆斯湾和哈得孙湾河口休憩，这些鸟儿会在这里享用水里的鳗草、海岸的小虾，它们会增重一倍，接着它们将飞向遥远的南方，有的甚至飞到了火地岛（Tierra del Fuego）。"从这些描述我们很容易看出："这里有湍流、瀑布，这里有峡谷、悬崖，这是一条拥有壮丽美景的河流。"然而詹姆斯湾项目第二期将会抹煞这一切。

大鲸河项目的开始一如格朗德项目，没有人告知克里族人这里将要发生什么。这并非完全意料之外，因为罗伯特·布拉萨在离开政权一段时间之后，再次当上了魁北克省省长了，他对这个项目的

热情丝毫没有减退,当然他对克里族的态度也没有改变。就像他在一次采访时说的:"征服者从来都不需要彬彬有礼。"同样的,这个项目也没有改变对环境的态度,还会继续破坏环境。一位历史学家说:"詹姆斯湾的河流会变成电能,而这些电能会流向这个世界上最饥渴、最贪婪的能源市场,而詹姆斯湾则会变成美洲大陆上的一座水库。"从魁北克省政府的角度说,这种变化是"非常合理且势在必行的"。项目公司的一名顾问解释道:"我认为,自然环境天生就是恶劣的,而我们要做的就是对它进行治疗。"

克里族人比上次更加积极,并为此选举了一位新的大酋长。新的大酋长名叫马修·库恩-库姆(Matthew Coon-Come),是一位充满热情的年轻人,身材修长,善于演讲。他的使命就是使建设项目停下来。魁北克省政府自称深感惊讶,说克里族在詹姆斯湾协议中已经允诺不再反对这个项目。针对政府的这种说法,克里族人回答道,这个放弃反对意见的协议只适用于格朗德项目,并且这整个协议因为胁迫而无效,协议充斥着政府的欺诈和歪曲,加拿大政府也没有履行协议约定的义务。不论这些说法是否有法律依据,他们都将更多希望寄托在接下来的环境审查中。

与加拿大其他省份一样,魁北克决意自己掌控这个项目,无论环境审查是否必要。现在大家已经熟悉的一个问题是,此类项目是否应当接受联邦审查。答案是肯定的。加拿大环境部部长卢西恩·布查德(Lucien Bouchard)虽然也是魁北克人,但是由于环境部在之前的水坝项目中做了徒劳无功的环境审查,让布查德感到恼火,因此他接受了这次由加拿大环境部进行环境审查的请求。他于

夺回伊甸园

1989年10月致函魁北克省环境厅:"考虑到此项目规模巨大,对此进行环境评估是非常必要的,并且评估应该尽可能保证独立、客观。"他还为魁北克省提供了一条"合作之路"。当然,他们是完全听不进去的。各省最传统的做法是根本不做回复。接下来,负责詹姆斯湾发展项目的联邦政府官员致函魁北克水力发电厂,重申大鲸河项目需要经过联邦审查。正如之后的法院记载:"经过了很长时间的沉默。"不久这位联邦政府官员居然不可思议地改变了想法,他于1990年11月告诉一个克里族人,该项目根本不需要联邦审查。令人感到遗憾的是,克里族人再一次遭受了背叛。对于他们的愤怒,我们应当理解。他们再一次提起了诉讼,这一次是基于环境法提起诉讼。

不需要经过几个月的证人证言,法院就能作出裁判。判决书的事实部分,列举了政府历年来的欺骗行为。克里族的诉讼主张是,詹姆斯湾协议本身就要求对后续项目进行独立的联邦环境审查,如果项目对于该地区当地居民和野生动物资源"具有重大影响"。鲁洛(Rouleau)法官用平实的语言写道:"我怀疑还有任何人会说,大鲸河项目不会造成'对传统生活方式的严重改变'。"当然魁北克水力发电厂不愿意承认这些影响,但他们想出了一个更好的抗辩方法,那就是彻底否认这项协议。

魁北克省主张,《詹姆斯湾魁北克北部协议》只是两个私人主体达成的共识,最多只是一份合同,并不是制定法,而合同是不可以通过联邦法院强制执行的。鲁洛法官的愤怒溢于言表。他肯定了克里族的诉讼请求。他写道:"我感到重任在肩。任何相反的认定都会再次激起本地居民的受害感,让他们感到再次被白人及其制度伤害。各方秉承善意签署了本协议,以保护克里族人和因纽特(Inuit)人,而不是为了在不支付对价的情况下剥夺他们的权利和领土。"他还写道,如果一个人认为联邦政府对这些原住民是诚挚的,那么"他一定不能理解"政府为何拒绝履行这项协议。当然,魁北克省提起了上诉。

这一次,上诉法院维持了初审法院的判决。加拿大联邦环境部长期以来受到媒体的责问、法院的鞭策、各省的嘲弄,自己也因其在拉弗蒂项目和老人河项目的懦弱所造成的后遗症感到困扰,又连拖带拽地被卷入大鲸河项目。1991年7月,加拿大联邦环境部终于宣布,如果魁北克省不想配合联邦政府,那么联邦政府将自己对这个项目进行环境审查。但是为了缓和语气,加拿大环境部接着说,它不能保证魁北克会等到环境审查作出认定之后再开始建设。即便加拿大环境部作出了这种让步,魁北克省能源厅厅长还是不满足,并向媒体表示,魁北克省"永远都不会屈从"联邦政府的审查程序。他们的恐吓和威胁还在继续,但是克里族已经赢得了一些时间。

拾 肆

1990年春天,一支奇怪的队伍从因纽特和克里族村庄出发向南行进,沿着詹姆斯湾,经过蒙特利尔,最后沿着哈得孙河到达纽约市。在一位热爱这片土地的美国划桨手的建议下，这支队伍乘坐了一艘具有象征意义的船。这艘船的船头类似印第安人的独木舟，船尾很像爱斯基摩小艇，它还有一个名字叫"欧迪亚克"（Odeyak）。

左，劳伦斯·约瑟夫（Lawrence Joseph），萨斯卡切温省印第安联合会大酋长。右，马修·库恩-库姆，克里族全国大酋长。照片拍摄于两人在前往纽约的印第安人船队行进途中，该活动引发了纽约州取消与魁北克水力发电厂之间的电力购销协议，保护了大鲸河。

4月20日地球日那天，"欧迪亚克"承载着60名因纽特人和克里族人，到达时代广场附近的码头，后面跟着新闻采访小艇，天上飞着小飞机。第一个发言的是马修·库恩-库姆，他说："水力发电项目会淹没土地，毁灭野生动物，还杀害我们的人。"他们要改变热衷水力发电的魁北克。

第四章 | 大鲸河
（加拿大）

苦苦等待的环境审查终于开始了，这次审查将在相辅相成的两个方面进行，两个方面都使詹姆斯湾开发商的日子越来越难过。一方面是在加拿大国内，魁北克水力发电厂希望审查工作能在一年之内完成。但是这次审查足足形成了 5000 页纸的研究报告。夏天的工程建设季节已经耽搁了，贷款又还没有审批下来。魁北克水力发电厂已经没有时间上的优势了。

另一方面，也是更为重要的一个方面，并且也是难以预测的方面，大鲸河项目的主要电力消费市场是国境线以南的美国。魁北克水力发电厂与佛蒙特州和缅因州都签订了电力买卖合同，但是最关键的是与纽约电力局签订的"原则性协议"，该协议约定魁北克水力发电厂向纽约电力局提供 21 年的电力供给，总价可达 400 亿美元。发电工程的建设成本几乎就是这个数目，也就是说，纽约决定着这个项目，然而这只是一个"原则性"协议。

当开始在魁北克省靠近美国边界的城镇和奶牛场建设巨大的电力传输廊道时，国境线以南就出现了反对大鲸河项目的声音。考虑到这些输电线的规模、样子、磁场，想到这些输电线还需要除草剂清除附近的杂草，人们对于这些输电线感到不寒而栗。人们不是从魁北克水力发电厂获得这些信息，他们的信息来自于美国的环保组织和报纸新闻。人们觉得魁北克水力发电厂对他们问题的官方回应"自大""傲慢"，并且还觉得魁北克水力发电厂在"努力误导"他们。这些指控都是老生常谈。居民们自称为"保护者"［Prudent Residents Opposed to Electrical Cable Transmission，PROTECT），反对输电线的谨慎居民（保护）]。他们组织起来，反对穿过纽约农村地区架设输电线。另外一个群体叫"不感谢你魁北克水力发电厂"，反对在缅因州架设输电线，并且实现了突破，成功地劝说州立法机关拒绝了与魁北克水力发电厂的合同。

在纽约，抗争行动更加激烈。各个组织都开始游说政治人物取消纽约电力局与魁北克水力发电厂之间的协议。纽约州高校中一度至少有30个反对大鲸河项目的组织。魁北克水力发电厂及其支持者认为，纽约人毫无疑问会支持大鲸河发电项目：清洁能源、价格合理、长期稳定供应。但是这些反对者提出了一个更大的道德问题：这个能源真的是清洁的吗？或者用一位纽约评论家的话来说，"这简直是将环境破坏和文化破坏出口给泰加群落（taiga）？"魁北克水力发电厂的宣传活动展出了系列照片，照片中他们的员工"将水库淹没区形成的岛屿上的动物小心地空运到安全地方"。一个布法罗（Buffalo）的政治家并不为这些照片所动，他道出了很多人的心声，他说纽约应当避免成为"犯罪帮凶"。就是大概在这个时候，马修·库恩-库姆和他的"欧迪亚克"登上了时代广场。

现在，魁北克水力项目能否顺利进行不再取决于加拿大法院了，而是取决于办公地点位于奥尔巴尼市的纽约州州长马里奥·科莫（Mario Cuomo）。纽约电力局已经积聚了力量。在给《纽约时报》的一封信函中，电力局局长宣布："主要是在我的敦促下，魁北克水力发电厂同意暂停修建道路和附属设施，直到整个项目通过联邦环境审查。"从拉弗蒂项目到老人河项目，再到大鲸河项目，加拿大联邦环境部和法院三次都未做成的事情，他国他州的电力局竟然一举成功了。在环境审查之前，项目停止，这显然是向前跨越了一大步。1992年下半年，科莫州长以未来电力需求不足为由，取消了与魁北克水力发电厂之间的购电协议。科莫说，他已经成为一个需求侧管理的信奉者。节能才是正道。

拾伍

一年半之后，环境审查还没有结束。对于项目发起人来说，该项目也还没有死。但这时，最高法院对第三次克里族诉讼作出了判决。魁北克水力发电厂不仅需要美国的购买者，而且还需要加拿大国家能源委员会的放行，才能将电力出口到国外。这个委员会的放行标准是相当宽松的，只需要销售行为符合"公共利益"即可。对规制对象来说，这样的模糊标准一般都是利好消息，这样他们能按照自己的愿望向委员会施加压力，让他们批准自己的项目。但是在这个案子中，国家能源委员会不仅要求前置审查程序，而且坚持审查范围不仅限于输电线，还需要包括"未来建设的生产设施"。这是魁北克水力发电厂的又一个噩梦，所以它提起了诉讼，最后这个案子也一直上诉到了最高法院。

1994年3月，最高法院很轻易地就形成了一致意见，认为联邦审查应该考虑生产，因为这是项目中不可分割的一部分。但是在法院的判决背后还有一个问题，这个问题一直困扰着加拿大环境法：对委员会的权力做如此宽泛的解释，是否违反了加拿大宪法规定的基本的、分散的政府结构？在这个案子中，最高法院似乎干了律师的活儿。最高法院"明确表明避免"对宪法做这方面的"解释"。接下来，它却这样做了。

  法院一开始的陈述是有所保留的，法院认为，"必须承认的是"，环境保护是一件"在宪法中很艰深的事情"，并且它不能"很好地适应当前的权力分配，因为按照当前的权力分配，很难不造成相当程度的权力交叉和不确定性"。当法院开始使用"艰深"一词时，也是在承认如履薄冰。判决接着说道，法院要做的，就是确保能源委员会的权力"真正仅限于联邦需要考虑的事项"。这并不是将环境审查范围"人为地限制"为仅仅审查输电线，但是"也并不允许对整个项目进行全盘审查"。前半句话含义明确，但是后半句话则含义不明。如果联邦环境审查不能涵盖项目的全部，那么哪些应该在审查范围之内，哪些应该在审查范围之外？进出道路、甲基汞，这些在不在审查范围之内呢？最高法院没有给出答案，只是认为"能源委员会在两个极端之间找到了平衡点"。一个宪法疑难问题，就这样推迟了。

  对于在环境审查期间项目建设是否应该停止的问题，法院的态度就更加暧昧了。在遇到这个问题时，法院与联邦政府环保部一样支支吾吾。法院表示：先处理完环境问题，再开始项目建设，这是"更为合适"的做法。法院的表态到此为止。这意味着只要魁北克水力发电厂愿意自行承担后果，就可以签订合同、发生沉淀成本。4亿元的成本即将沉淀下来。

  尽管法院的意见是如此模棱两可，但却让魁北克水力发电项目变得更加复杂。再做一次审查，并且审查范围比以前更加广泛。魁北克水力发电厂故作镇定，公司董事长阿曼德·库图尔（Armand Couture）说："只要最高法院没有取消我们的任何合同，我们就满足了。"但是贷款产生的利息使得生产成本越来越高。1994 年 11 月中旬，加拿大环境部的三项审查结果都出来了，认为魁北克水力发电厂匆忙完成的环境评价不符合联邦环境审查导则的要求，必须进行重新评价。这将是一段漫长的路程。

面对美国客户的流失以及不断增加的反对声音，如今又有新的环境审查阻碍，第二天下午，魁北克省省长布拉萨只好认输了。他宣布放弃大鲸河项目，并表示自己从未看好过这个项目。

拾 陆

像这样的故事应该有一个结束，但却永远也不会结束。就像水一样，金钱总能找到自己的去处，无法阻止。也许詹姆斯湾项目中破坏性最大的阶段还没有到来，第三期计划将诺托韦河（Nottoway）与鲁伯特河（Rupert）引入 7 座新建的水库中，流向 11 座发电站。这两条河各有自己的传奇，从前都是皮草贸易运输路线，具有重大历史意义。在项目建成运行后，"加拿大最宏伟、粗犷的河流"，下游只剩下裸露的岩石。

对生物界的影响将更加严峻。这里浅浅的水库占地面积将会是大鲸河项目的两倍，水坝摧毁的动植物生境更加温暖、更加潮湿、更加丰富。这些水库会向下游释放更多的有毒甲基汞，而河流下游

夺回伊甸园

是核心渔场,那里也是驼鹿、驯鹿和海狸的栖息地,这些动物会遭受污染物的威胁,而克里族正是依靠这些动物维持生计。建造通往发电站的道路,将会引来一批伐木者、采矿者、捕猎者、石油钻探者以及诸如此类的从南方过来的白人开发者。大多数克里族人都聚居此地,他们的村庄和狩猎场也大多在这里。诺托韦河与鲁伯特河沿岸"正是克里族人生活的中心地带"。

克里族人感到激愤。当魁北克水力发电厂的官员来到鲁伯特河口,向瓦斯卡嘎尼什(Waskaganish)村推销合资公司的想法,并说让该村分享部分收益,人们的反应如此敌对,"他们被推上独木舟,被赶出了村镇"。实际上,村民们的经济损失是巨大的。根据他们自己的计算,格朗德河水坝项目中,他们每年损失了价值50亿美元的自然资源,尽管政府承诺给予他们补偿,但实际上他们几乎什么都没有得到。他们抵制行为的成本却每天都在累积。

与詹姆斯湾项目进行了超过30年的斗争,之后又与鲁伯特-诺托韦河项目抗争了10年,2001年10月,克里族终于投降了。他们签订了一个协议,这个协议跟20年前的詹姆斯湾协议似曾相识,他们再次被魁北克省政府和魁北克水力发电厂击败了。对于这样的结果,很难责备克里族人,甚至不可能责备他们,因为他们依旧生活在这个国家的边缘地带,就连从最早的协议中能够得到的那点利益也都几乎全部被剥夺了,他们实在是没辙了。来到这里的企业根本没有雇佣克里族人。支付给他们的现金严重不足,最终会消耗殆尽。与此同时,就像从南方来的货运列车一样,对他们的入侵越来越多,但是他们并不能从中受益。正如一位克里族的谈判者所说,

第四章 | 大鲸河
（加拿大）

这次协议"有51%是对我们有利的，49%是有害的"。

克里族大理事会与魁北克省政府达成协议的签字仪式。左，伯纳德·兰德里（Bernard Landry），时任魁北克省省长。中，特德·摩西（Ted Moses），时任克里族大酋长。右，詹姆士·欧雷利（James O'Reilly），在与大鲸河有关的多个诉讼中代表克里族。照片由贾思顿·库珀（Gaston Cooper）提供。

在这一次谈判中，克里族得到了更广的自治权和更多的经济补偿。他们享有野生动物管理权和社区发展权，金钱补偿增加到每年7000万元，为期50年。这个数目对魁北克水力发电厂来说是九牛一毛，并且作为一个国家垄断企业，可能根本不必支付这些钱。但是对于濒临绝境的克里族来说，这笔钱却是救命稻草。何责之有呢？

这一次魁北克省政府没有留给他们任何机会。克里族同意放弃

119

所有针对魁北克省提起的未决诉讼,并保证不再提起任何新的诉讼。他们不仅放弃了他们赖以生存的土地,他们也放弃了法律。一位名叫路易–埃德蒙德·哈姆林(Louis-Edmond Hamelin)的魁北克北部学者后来对此作出评论:"这个文件没有任何地方表明双方理解对方的文化。"

最后,拉弗蒂、老人河和格朗德三个项目都完工了;此时,鲁伯特–诺托韦项目还在建设中;大鲸河项目虽然暂时停止了,但是实际上仍然可能再次启动。魁北克省政府不会放弃,他们的雄心壮志很难停歇。如果明天还有相同的项目再次上马,各省仍然会支持,位于渥太华的加拿大环境部,如同其他国家的环境部门一样,还会像儒夫一样继续蜷缩在帷幕之后。在保护自然、文化遗产的道路上,还是得依靠广大人民和法院给政府环保部门打上一支强心剂。在这些加拿大环境案例中,在经历了巨大牺牲之后,他们才做到这个程度。

TAJ MAHAL

第五章

泰姬陵

（印度）

> 神引领我走上正途。所有的事情都冥冥注定、因缘际会。在事件发生之后，我只需要开始前行就可以了。
>
> ——马赫什·C. 梅塔（Mahesh Chander Mehta），1999 年

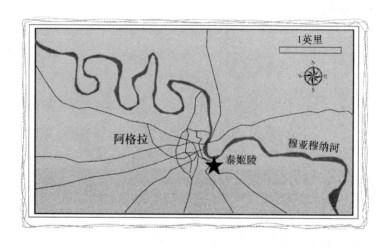

壹

我们的故事发生于混乱之中。到了 20 世纪 60 年代晚期,刚刚独立的印度在挣脱了大不列颠帝国近 3 个世纪的统治之后,又面临着内部的分裂。圣雄甘地(Mahatma Gandhi)已经离我们而去,贾瓦哈拉尔·尼赫鲁(Jawaharal Nehru)也去世了,此后又发生了印巴分裂战争以及与中国的边境冲突。社会迅速划向几个世纪之前就被政府制度取代了的封建制度,不同宗教派系的教徒纷纷走上街头,冲突一触即发。1975 年尼赫鲁之女英迪拉·甘地(Indira Gandhi)在这千钧一发之际夺得了政权,成为印度首相。她意识到印度就要分崩离析,宣布全国进入紧急状态,暂停实施宪法,此时宪法才刚刚颁布,墨迹未干。反对集会和组织也被取缔。

在接下来的 18 个月里,主要是出于政治原因,并且通常是在没有任何明确指控的情况下,政府拘留了 11 万多人。被拘留的人中,有些没有获得律师的帮助。私人律师将这些非法拘留案件提交给法院。在这些私人律师中,很多都是来自反对英迪拉·甘地的政治派别。但是,印度法院并没有审理此类案件的传统,也没有推翻政府决定的传统,特别是此类充满政治意味的案件。然而,法院这次不想袖手旁观了。政府的挑衅确实过了头,律师渐渐开始胜诉,一个公民权利诉讼的时代开启了。就像半个地球之外的美国一样,印度此后也迎来环境权利的觉醒。

故事从1983年重新开始,一群年轻律师在德里聚会,好几位律师在为公民权利而战,其中有一位刚从乡村来到这里,名叫马赫什·C.梅塔。梅塔是这样说的:一位年轻人向他走来,看起来愤懑不平,说律师都已经变得太"贪婪"了,根本无心拯救这个国家。梅塔问他发生了什么事情,这个年轻人回答:"泰姬陵就要完了,泰姬陵建筑的大理石就像得了癌症一样。我曾向很多律师请求帮助,但是没有人愿意接手这个案子。"此时,梅塔心中除了好奇别无其他,虽然他并无丝毫处理环境案件的经验,他还是向这个年轻人递了名片,并要他把手头上所有的资料都送过来,用以支撑他的观点。梅塔后来回忆,这是改变他一生的时刻。在回到家的路上,他还在仔细考虑这个指责。确实,律师有些贪婪,但是他是有信仰的,能够感受到伤害。几天之后他收到了年轻人寄来的包裹,里面装着有关泰姬陵的资料。

接下来发生的一系列事情将成为环境保护史上最重要的一个篇章。不管是采用何种客观标准判断,梅塔后来都成为全球最成功的环境律师之一,而印度最高法院也成为全世界最活跃的环保法庭之一。所有这一切,都缘于全球鲜有匹敌的一项成就。

第五章 泰姬陵
（印度）

贰

泰姬陵的美丽和纯净让人赞叹，是世界上最光辉的建筑，没有任何语言和图画，能够让最富想象力的读者领略到真实泰姬陵的万分之一。我想说，如果你还没有见过这种美景，那就去印度吧，只是看一看泰姬陵也会让你不虚此行。

——弗雷德里克·S. 罗伯茨勋爵（Lord Frederick Sleight Roberts）

泰姬陵是印度历史的缩影，萦绕着太多事实、想象和神秘。泰姬陵对印度这个国家的意义是其他历史遗迹都不能企及的。你随便问一个人对"美国"的印象如何，那么他的脑海里可能会浮现科罗拉多大峡谷、自由女神像或者万宝路牛仔（Marlboro Man）的形象，当然也许是以相反的顺序浮现。但是说到"印度"，人们就一定会想到泰姬陵。泰姬陵每年都会吸引超过300万的游客，在介绍世界历史遗迹和建筑的书籍封面上，也许除了雅典卫城之外，泰姬陵出现的频率比任何其他建筑都要高。泰姬陵的精髓在于它融合了两种不同的文化。这两种文化几乎不可能同时出现，更不用说会体现在同一个建筑之中。尽管作家、摄影家、诗人们都付出了最大的努力，泰姬陵仍然具有不可名状的美丽。也许这才使泰姬陵具有如此永恒的美丽。在一个冲突不断的世界里，它向人们传递着希望。

希望是在另外一个时间迸发的。时光倒流，独立战争、英国占领、穆斯林统治、印度教统治、基督教时代，都是这之后的事情了。在公元前 20 世纪，距今大约五千年以前，亚述（Assyrian）牧人离开里海（Caspian Sea），越过印度库什（Hindukush）山脉，定居在山下一处盆地，盆地土壤肥沃，雪山融化形成的河水常年流淌。他们将遇到的第一条大河叫做"印度河"，他们所统治的地区也因此被称为"印度"，就像他们的宗教信仰也叫"印度教"一样，这些名字都是来自印度库什山脉。他们先后抵御了亚历山大大帝和成吉思汗的入侵，一直坚守着这块土地，同时不断吸收外来文化，直到13世纪穆罕默德带来了另一个宗教、另一个帝国。在接下来的五百年里，统治着印度教文化的是一个个伊斯兰王朝，直到18世纪50年代，被英国东印度贸易公司的军队终结。到那时，虽然建造者已经去世二百年了，但泰姬陵还是处于全盛时期。

泰姬的诞生引人遐想。一般认为，1526年，一位来自中亚的年轻王子带着部队来到印度北部，将印度北部统合在他的麾下，建立了政权，并且政权得以延续。到大不列颠入侵印度时，这个政权的领土范围包括从阿富汗到缅甸的平原地区。任何地方的王权统治都是不稳固的。1627年，第五世国王沙贾汗（Sha Jahan）通过发动血腥政变，从他的力量较弱的兄弟手中夺取了政权，而这位兄弟受到他父亲遗孀的支持。这样的情节在中世纪的英格兰和日本也都发生过。据说沙贾汗非常喜欢交游于民间，就在那么一天，他在市场中发现一位卖丝绸和玻璃珠子的姑娘，这位姑娘异常美丽，沙贾汗后来说，这就是爱情。他迅速娶了这位阿姬曼·芭奴（Arjumand Banyu Begum）做他的第二任妻子，并将其封为慕塔芝·玛哈（Mumtaz Mahal，意为上天选中的人）。自此，他们再也分不开了，阿姬曼甚至跟着沙贾汗四处征战。在一次出征途中，阿姬曼生下他们的第 17 个儿子，于 1629 年离开了人世。她的遗愿就是为其建造一座陵墓，能够世代长存的陵墓。

沙贾汗及其第二任妻子慕塔芝·玛哈，泰姬陵即为其所建。

建造泰姬陵花了 22 年时间。泰姬陵建造在阿格拉城（Agra）的亚穆纳河（Yamuna River）岸边，这里距离新德里北部大约 150 英里，这项工程动用了 2 万名役工，耗资 10 亿美元。泰姬陵的圆形穹顶直径 60 英尺，高 180 英尺，建造穹顶时所用的砖造支架非常庞大，施工队长估计，仅仅是拆除这个支架就需要花费两年时间。有很多传说，其中一个传说是，在泰姬陵建造完成之后，沙贾汗下令任何人都可以拿走脚手架的砖块，结果这堆砖块一夜之间就被搬光了。还有一种说法是沙贾汗下令砍断了所有建造泰姬陵的技工的手,那样他们就不能再造一座类似的陵墓了。而另一种说法是泰姬陵只是一项宏伟工程的一部分,这个工程之后还要延伸到亚穆纳河对岸,在对岸建造一座黑色泰姬陵。更有一种说法是,沙贾汗根本没有为阿姬曼建造一座所谓的泰姬陵,这座建筑只是他从当地印度王公手中征用过来的,被改造成了一座陵墓。另外还有一种说法是,泰姬陵的前身实则为一座印度教寺庙。当然还有一些人认为沙贾汗并没有那么爱他的妻子,他爱的只是权力,泰姬陵只是一个权力象征,用高墙堡垒彻底宣示他的权力。美好的东西就像美丽的人儿,总能让人产生无限遐想。

对泰姬陵来说,最重要的真相就是:它是由伊斯兰建筑师设计,由信仰印度教的工人建造,用一种不朽的方式巧妙融合了这两种宗教传统。这座陵墓的基础框架是印度教建筑风格,特点是平实洗练的墙壁和数量繁多的神像舞的神灵,在这个基础上整个建筑又加入了伊斯兰教的特点,特点是圆形的穹顶、螺旋楼梯和尖塔。它放弃绘制神像图案,取而代之的是精美的几何图形装饰,还有蔓藤花纹与书法。陵墓的内部设有供隐居者和祈祷者活动的场地,场地间装饰着潺潺流水。如此设计的结果就是整个建筑有圆有方,有土有水,有内有外,有收有放,既能供俗人观赏,又能进行宗教活动,泰姬陵清晰地表达了伊斯兰教建筑特点,但又加入印度教建筑风格用以缓和,如同狮身人面像的微笑那般高深莫测。

建造者希望这座建筑能够得以永恒,因此泰姬陵在无任何维修的情况下,经过几百年的风风雨雨依然屹立在那里。关于泰姬陵能够保留到现在的原因是存在一些争论的:英国人在抢夺埃及财富时

第五章 | 泰姬陵
（印度）

没有丝毫的愧疚，他们在印度也是如此，他们切下德里红堡（Red Fort）的砖块运回国内，但是他们为何没有对泰姬陵做相同的事情呢？一些人说英国人尝试过，但是发现成本远远大于在英国市场上的售价。大家都同意的一点是，在 20 世纪早期，时任印度总督寇松勋爵（Lord Curzon）深深喜爱泰姬陵，因此下令修复，我们这才看到今天完整的泰姬陵。但是还有一个变化影响着泰姬陵。现在不是劫匪要摧毁已故女王的恢弘陵墓，而是一些更为恶毒的，往往为人所忽视的，并且几乎是印度无力阻止的因素，正在侵蚀着泰姬陵。

到了 20 世纪 60 年代，阿格拉已经变成了一座工业城市，人口超过 1000 万人，合计 200 万辆的汽车、柴油卡车和大巴。大型工厂接近 300 家，包含冶炼业、铸造业、玻璃制造业、砖窑厂、制革厂，等等。除此之外，还有数不清的小型作坊。所有工厂都有一个共同点，那就是以焦炭、煤或者石油为燃料，都向空气排放碳化物与硫化物，而这些物质都会沉降在泰姬陵的大理石上。一个化学常识就是，碳氧化物和硫氧化物会侵蚀大理石。任何一个想要解释佛蒙特州墓碑上的文字为何会消磨殆尽，或法国教堂的滴水嘴兽为何丧失了原本的模样的人，都知道碳氧化物和硫氧化物对大理石的侵蚀速度是持续的、可测的、可见的。空气污染所摧毁的建筑石头和雕像，超过自然界的任何风化过程，当然风化过程也加大了空气污

129

染的破坏力。每一层石头表面的碳化物都能形成一层膜，防止石头遭受进一步的侵蚀，但是雨水（在本案中是季风雨）能够冲开这层膜，导致大理石再次遭受侵蚀。用梅塔的话说，这就是大理石癌症。

泰姬陵内部的毁坏更加严重。建筑内部墙体变成了一种"黄灰色"，有些地方有"难看的红色或者黑色的污点"，显得更加丑陋。在沙贾汗与阿姬曼的墓穴所在的陵墓内部，腐坏更加严重。这真是极端的亵渎。

袭击泰姬陵的还不止工业污染，大概650万吨的卡车交通流量穿梭于离泰姬陵很近的阿格拉。亚穆纳河上游的新德里和一些小城镇将接近3亿吨的生活污水排入河中，这些河水都会冲向泰姬陵。实际上河水是从陵墓地下流过，水中的污物会向清真寺的地基汇集。政府还计划在泰姬陵附近修建商场和饭店，以此为旅游业增收。确实，还有一些泰姬陵围墙之内的政府特许项目。而泰姬陵的处境也反映出有一股力量正在改变着印度，同时也在改变着整个世界。

第二次世界大战展现了工业发展的力量，印度也想抓住这次机会。印度的文化确实包含着对自然的崇敬，但是惊人的贫困率和疾病激起了人们的愤怒，摧毁了敬畏自然的心理基础。圣雄甘地反对英国式的集权统治，他的愿望是建立以乡村共和国和小工业为基础的杰弗逊式的民主政治。但是与杰弗逊一样，甘地的政策被他的继承者抛到九霄云外。贾瓦哈拉尔·尼赫鲁认为印度应该"与命运共舞"，学习西方和苏联模式，发展重工业，并建设大量的公共工程。他将水坝工程称为"现代印度神庙"。他还为新建的工厂提供补贴，

第五章 泰姬陵（印度）

大力刺激外商投资。到 20 世纪 90 年代中期，印度甚至进军危险废物处理业务，从将近 50 个国家进口有毒物质。一时间，印度采矿业和制造业增长了 160 个百分点，其他工业产出最高增长 250 个百分点。尼赫鲁的政策确实奏效。

接下来到了 1972 年，从遥远的斯德哥尔摩传来了一波新的环境思潮，联合国人类环境会议是一个能令全球感到慌乱的会议，而印度和其他发展中国家一样，公开对这次新的行动表示质疑，似乎发达国家在抢掠完自己的资源，完成工业化之后，开始企图限制发展中国家与之竞争了。正如英迪拉·甘地在这次会议上所作的发自肺腑的发言所说：

> 一方面那些发达国家对我们长久以来的贫困不屑一顾，另一方面他们又警告我们不要采取他们的方法。我们确实不想进一步消耗环境，但此时此刻我们无法无视国内正在遭受贫困的人们。难道贫困、贫穷不正是最大的污染者吗？……发展中国家的环境问题并不是过度工业化造成的，却是发展不足造成的。

与自然和谐共处是一件非常好的事情，但是首先要做的是发展经济。印度确实屈服于听起来很高尚的斯德哥尔摩宣言，也颁布了管理空气、水和森林资源的框架性法律，但是这些法律规定是如此暧昧不清，承担的法律责任也相当轻微，执行更是犹豫不决，恐怕这些法律只是虚有其名罢了。污染阿格拉的砖窑、皮革厂、炼油厂、机动车辆继续发展，不受控制，不受约束，就像在全国其他地方一样。直到一位刚从农村来到德里的律师，登上最高法院的台阶，代表自己也代表泰姬陵，向最高法院提交起诉状。

肆

历史往往就是这样发生的。在恰当的时机出现了一位伟人，然而如果换一个人或者错过了时机，事情就完全不一样了。

梅塔的故事像是一个世纪以前美国的小木屋故事。梅塔出生在一个虔诚的印度教家庭，在克什米尔的一个小村庄长大。他念的公立学校在5英里以外，还需要淌过两条河，他每天艰苦跋涉，风雨无阻。后来，他打破了家族的纪录，离开家乡出去念大学，通过勤工俭学，花了10年时间终于获得法学学位。在求学过程中，他也吸收了关于社会正义的新理念。在就业道路上，他从一些临时工作做起，当过一家鞋店的会计，做过公立学校的老师，还做过校长，最后他集记者、编辑和出版商为一身。从这些工作经验中，他养成了农民般吃苦耐劳的工作态度，教师般对大众的关爱，新闻从业者对真相的渴求，所有这些品质都在他处理这件大型诉讼的方式中得到体现，这次诉讼也磨砺了他的品质，使他更加优秀。

1983年是梅塔生命中的重要转折点。那一年，他与拉达（Radha）结婚了。拉达是一名自由作家，也是一位社会活动家。婚后他们搬家来到首都。他是一位有抱负的律师，但是就代理过几件劳动案件和民事案件，没有在最高法院办理案件的经历，但是他决意要在最高法院打官司。不久之后，他在民权律师会议上碰巧认识

第五章 | 泰姬陵（印度）

的人如约给他寄来了有关泰姬陵的资料。对律师职业的指责让他感到心痛，他潜心研究这些资料，最后他对泰姬陵的了解远远超过了他人。他从莫卧儿王朝的历史开始，接下来阅读泰姬陵的历史，然后他又开始研究污染防治和环境法律。但是他的阅读到此为止，几个月之后，在妻子和一位知名环境科学家的陪同下，他怀着虔诚的心来到了泰姬陵。他检查了墙面，看到了退化情况，用手指抚摸泰姬陵。他们还去了阿格拉市，呼吸了那里的空气，喝了那里的水，他看见成千上万的人都生活在腐蚀着清真寺墙面的环境中。他被引到环境保护事业上了，接下来，他就开始撰写起诉状。

这里我们还有第二个重要的背景条件，那就是印度最高法院有史以来第一次做好了迎接这类案件的准备。在过去几年，最高法院已经慢慢切入环境保护领域，最高法院勉力为之，绝不是故意拖延时间。正如美国最高法院审理的臭名昭著的普莱西案（Plessy）和史高特案（Dredd Scott）一样，印度最高法院也是从公民权利案件开始。印度最高法院开始走错了一步，他们忽视了英迪拉·甘地统治的专制秩序和大量拘留，宣布这些事项处于司法审查范围之外。在学界和媒体眼中，法院的这个判决是胆小怯懦的，也被视为投降行为，尽管当时最高法院尚被公众尊重。公众的指责声让最高法院聪明起来，最高法院反转了自己的态度。宪法明确规定，除非依照法律规定，"任何人的生命和自由都不得被随意剥夺"。根据宪法的这项明示保障，最高法院扩大了公民自由权的概念，认为个人自由应该具有"更广泛的含义"，行动自由和表达自由也是个人自由的内容。最高法院解释道："宪法应该具有灵活性，唯有这样才能适应新的问题和挑战。"对于最高法院来说，这样一种新的挑战就要找上门来。

将自由的含义扩大之后，法院向所有人敞开了大门。不同于美国联邦最高法院，印度最高法院对于"公民基本权利"的新问题，可以像初审法院一样受理一审案件。并且，原告可以向最高法院提交一份特殊的诉讼文书，请求法院审理此类案件。那么最高法院首先应当做的一件事就是放宽对这种特别诉讼文书的要求，放宽到只要是任何写在纸上的东西都可以，写给最高法院大法官们的信件就足以满足要求。然后法院还承认团体或组织有权利代表其成员提起诉讼（这些成员的基本权利遭受到损害），并承认对公众利益的损害具有可诉性（"人民有权获得社会公正，因此人民必须有权启动用于保护他们利益的司法程序"）。就这样，法院开始对政府不当行为自行开展审查，迫使政府机构采取救济行为。最高法院设立了委员会，监督政府履行法院判决。审理复杂环境案件的机制开始成型了。

在早期的判决书中，最高法院的观点就具有革命性。在最高法院法官们看来，审判这些案件更像是在做审计工作，由公民、政府机关和法院"合作努力"，以保障"法律权利和社会公正"。"人们会喜欢提起诉讼，浪费他们的时间和金钱，也浪费法院的时间和金钱"，用于滥诉。对此担心，最高法院并不畏惧。相反，考虑到那些"爱哭诉的百万富翁"能够获得"五星级的法律帮助"，以保护自己的私人利益，那些"悲惨世界"中的人们也有权获得"程序关照"，包括由法院自己主动进行事实认定，以使双方公平较量。

最高法院从公民政治权利开始,然后是劳动权利,此后是要求政府诚信的权利,通过一系列的诉讼,法院终于找到了自己的司法角色。接下来就是环境权利,这时马赫什·C. 梅塔来了。

伍

虽然无人知晓,但实际上命运之手一直默默地帮助着梅塔和泰姬陵。起诉状于 1984 年夏天提交,是根据最高法院刚刚扩大的任何人都可以申请的管辖权提交的。起诉状主张的损害,包括泰姬陵遭受的损害,也包括每天都生活在同样具有腐蚀性的空气中的阿格拉人民遭受的损害。起诉状的法律依据是宪法对生命和自由的保障。这些权利在公民权利案件中可以主张,但是将这些权利保障适用于大气污染则是对权利的扩张。朋友们劝告他不要为此费神,异想天开。他的一位朋友说,也许最高法院法官开庭时会像一个个"雕像",不会与你对话,驳回你的案子。这差点就一语成谶了。

本案的心理转折点,也是印度所有环境政策的心理转折点,几个月之后到来了,是伴随着世界史上最恐怖的一个环境事件到来的。一天午夜,当人们还在梦乡之中,40 吨有毒致命气体从博帕尔市(Bohpal)联合碳化(Union Carbide)工厂泄漏出来,弥漫于整座城市。没有人确切知道这造成了多少人死亡。毒气直接导致的死亡估计高达 2000 人,还造成了 20 多万人的身体伤害。企业关闭,庄稼枯萎,牲畜死亡。印度政府对工业风险疏于监管是造成此次伤亡事件的原因之一，此前问题被掩盖着，现在暴露出来了。

博帕尔毒气泄漏案的受害者及其家人在美国提起诉讼，美国联邦法院知道这些原告在印度能够得到的赔偿微乎其微，尽管很不情愿，但是美国联邦法院还是将这个案子送回印度国内审判。实际情况确实如此，联邦碳化工厂向每名受害者平均只支付了1500美元的赔偿。这个结果最终促使印度政府行动起来。几年之内，印度政府就建立了组织精细的政府机构，对各种污染物进行监管、检查和控制，但是政府所做的仅仅如此。阿格拉市遭受的污染，全国各地的污染，不受约束的发展，都仍然继续着。但是，政府机构中的官僚们将要迎来一场挑战。

很少有人能够忽视泰姬陵，但是印度最高法院一度就要这样干了。当年，梅塔律师很年轻，也没有什么经验，审判本案的合议庭是由他挑选的保守派法官组成的，他们审判这个案件的方式就像他的朋友预测的那样。但也许正因为他毫无经验，才让他交上了好运。他绝不将"不"作为答案加以接受。他提交了起诉状，虽然最高法院必须接受他的案子，必须按照程序办理，但是显然最高法院毫无兴趣。这些法官告诉他，我们不清楚你究竟想要干什么，甚至这里的律师也不明白你的意图。法官们决定投票。其中有一位法官看出梅塔心情绝望，也许是出于同情，他要求梅塔进一步阐述他究竟想要法院如何行事。在经过一两分钟的困惑之后，法官们还是决定投票。法官们觉得他在浪费他们的时间。

梅塔变得情绪化了。他已经花了200个小时来准备这个案子，他告诉法官，他们有义务听一听。其中一位法官问道：你是谁？凭

第五章 | 泰姬陵
（印度）

什么来告诉我们，我们的职责是什么？这时，梅塔情绪非常激动，他回答道："法官们也许有法律赋予的职责，但是作为印度公民，他们有更高的职责去保护环境和人民的生命。"他接着说："正因为如此，考虑到本案所涉及的争议，法院应该主动受理我的诉讼。"更大胆的是，他说最高法院没有履行自己的职责，也没有维护他作为起诉人应当获得的正义。

人们不免怀疑，就是一个有着丰富诉讼经验的最高法院律师也不敢像梅塔这样做。人们也会怀疑，最高法院会不会给经验丰富的律师留有如此大的余地，毕竟梅塔的行为近乎不尊重。但是，最高法院再一次邀请梅塔陈述案件。因此他再一次，也是第三次，开始陈述他的起诉理由。这一次，他用了半个小时的时间，法官们没有打断他。当他陈述完毕后，法官们在高高的审判席上小声讨论，梅塔一直在庭下等着。最后，法官们微笑着告诉他，我们注意到你提出的事项，决定受理你的起诉。

印度的环境政策局面霎时间地动山摇。这里确实发生了天翻地覆的变化，也许这是大势所趋。梅塔在尝到成功的甜头后，决定趁胜追击。他并不是将环境案件告到法院的唯一律师，但他会完成他的那份，有些案件非常大胆，似乎不可能被法院受理，另外一些案件很大，至今仍然是该国最复杂的诉讼。泰姬陵案打开了大门，实际是开启了两扇门：一是使梅塔与环境政策终身结缘；二是开启了印度最高法院通过宪法条款保护环境的大门。现在，泰姬陵案还是悬而未决，最高法院只是受理了梅塔的起诉，正式开庭审理已经是十年之后的事情了。同时，涉及新的环境损害、公共损害的案件都

夺回伊甸园

通过这扇门进来了。这些案件以及最高法院对这些案件的审理，为泰姬陵案画出了路线图。这些案件中最重要的一个涉及恒河，也再次涉及我们共同的朋友。

陆

> 恒河水位下降了，那些疲软的叶子
> 在等着雨来，而乌黑的浓云
> 在远处集合在喜马望山上……
> Datta. Dayadhvam. Damyata.
> 平安，平安，平安。
>
> ——《荒原》，T. S. 艾略特*

　　大自然的神力产生了恒河，人类的智慧造就了泰姬陵，但是两者有一个共同点：它们都是人类的圣地。在印度神话中，恒河是圣女下凡形成的圣河，恒河女神是湿婆神（Shiva）的伴侣。据说恒河水能洗清罪恶，每一个印度人都希望自己的葬礼祷告能在恒河岸边进行。印度古训："禁止向恒河水中排放、丢弃任何不洁的东西，比如尿液、粪便、唾液、血液、有毒物质，等等。"梅塔是一名印度教徒，他曾写道："我还记得那时，人们用牛奶、香烛、鲜

---

* 汉语译文引自〔英〕T. S. 艾略特：《荒原》，赵萝蕤、张子清等译，北京燕山出版社2006年版，第57—58页。

第五章 | 泰姬陵（印度）

花供奉这条令人崇敬的河流。"他接着写道，但是今天，人们向这条河流供奉的是"大量的垃圾和有毒的废水"。这是对恒河的另一种亵渎。1985年，也就是梅塔向最高法院提交泰姬陵案特别起诉状后不到一年，梅塔又来了，这一次他要求最高法院清理印度的圣河。

这次起诉不是因为聚会时碰到的陌生人的爆料。1984年下半年，恒河发生了一起火灾，引起了印度国内所有人的注意。恒河上燃起了1英里长，20英尺高的大火，足足燃烧了30个小时才熄灭。很明显，这场火灾是恒河岸边火葬使用的蜡烛引燃的，这些蜡烛引燃了附近工厂排放的一层厚厚的化学油污。不仅是影响到宗教，还危及到很多人的生命，地球上1/10的人口，大约5亿人，都依靠恒河生存。然而有5000家工业企业向河中排放有毒物质，河流沿岸的300多个城镇的生活污水也流入恒河，除此之外，排入河中的还有600万吨化肥和9000吨杀虫剂，其中就有骇人听闻的滴滴涕（DDT）。朝拜圣地瓦拉纳希（Varanasi）附近的恒河水中大肠杆菌含量足足超过世界卫生组织标准的1万倍之多。印度每死亡三个人，就有一个是死于水生疾病，这样的情况也就不令人感到惊奇了。相比恒河而言，阿格拉市与泰姬陵的污染情况就好了很多。

最高法院一年前在泰姬陵案中已经敞开了大门，这次没有费什么周折就受理了起诉，并行使了初审管辖权，直接进入审判。为了谨慎起见，也为了更大的胜诉概率，梅塔仅仅将中央政府、与火灾之间具有最直接关联的两家工业企业以及他认为构成导致本次灾难的两名政府官员列为被告。起初,他只请求法院"规制规制者",要求政府环保部门履行自己的职责。他再次以宪法为根据。此时已经有了先例,在一个涉及采石场的案件中,最高法院对公民权利作了扩大解释,认为工人有权享有良好的工作环境。恒河案要求进一步扩大宪法解释,不仅涵盖工人的工作环境,而且涵盖普通公众和恒河本身。

令梅塔意外的是,最高法院不仅采纳了他的观点,而且在他的鼓舞下,愿意向前多迈一步。法院认为恒河的污染不能仅仅归责于列为被告的这两家工厂,沿岸的上千家工业企业的生产活动都对恒河水造成了污染,这些企业分布在印度的8个邦、几百个城镇中。但是现在令法官们头疼的是如何向数量众多、分散各地的企业送达。梅塔提出一个办法。他建议法院使用报纸和电视媒体通知这些企业出庭。神奇的是,在以前诉讼的鼓舞下,法院竟然采用了梅塔提出的这个新奇的程序。很快,上百个各行各业、各种规模的工厂和生产企业都来到印度最高法院。一时间,被告代理律师多达1200名,而原告只有一个,那就是梅塔。随着诉讼的继续发展,这个案子不再是仅仅要求政府履职了。面对政府的屡次失职,法院决定亲自上阵。

接下来的诉讼过程,更像大规模侵权诉讼案件,而不像宪法案件。法院按照这些被告企业的地理位置将它们分组,将政府机关和市镇单列出来,然后将重点放在制革、蒸馏和其他工业行业,最终划分为19个组。在梅塔的帮助下,最高法院每一步都在创新程序法、证据法和实体法。最高法院接受了来自公开渠道、杂志、学术

第五章 泰姬陵（印度）

报告等来源的有关恒河污染的数据。法院还接受了工业报告，以确认污染控制技术的可得性，并要求使用污染控制技术。法院并没有进行成本—效益分析，认为企业的资金能力与本案无关。最高法院认为，就像企业需要支付最低工资一样，企业应当承担污染处理成本。

作为一个实验组，最高法院首先审理皮革厂，梅塔后来将此称为"转折点"。法院命令那些没有采取污染控制措施的企业在一个很短的时间内限期停产，直至采用污染控制技术才能恢复生产。恒河岸边的皮革厂开始关闭了，而政府部门对此并没有自由裁量权，因为法院要求他们监督这些皮革厂履行法院的判决，并将情况报告法院。最高法院保留了对本案的管辖权，在接下来超过 10 年的时间里，它一共关闭了印度北方邦的 84 家工厂和西孟加拉邦的 30 家工厂。

最高法院判决的用语也同样是非常严厉的。辛格（Singh）大法官在针对恒河案较早作出的一份判决书中写道："我们清楚地知道，关闭那些皮革厂可能会造成很多人失业，也会降低整个国家的经济收益，但是我们认为生命、健康、生态具有更大的意义。"一方面是因为宪法的支持，另一方面是因为骇人的污染事实和政府的不作为，印度最高法院凭借自己的力量发出致命一击。泰姬陵案冲开了一个口子，恒河案接踵而至，最高法院对恒河案的判决，也反过来促进了对泰姬陵案的最终判决。

| 夺回伊甸园 |

柒

> 它是如此纯净，如此神圣，简直不是人类所造。定是天使将它带入凡尘，我们应该为它罩上一层玻璃，防止它被污浊的空气污染。
>
> ——马赫什·C. 梅塔诉印度共和国

法院判决以颂歌式的语言开头，接着三个段落都在用诗歌和散文颂扬案件的标的，那么法院的态度如何应该是一目了然的。但是，作出判决却花了很长时间。

此案大约花费了十几年时间，如果从梅塔初次从那个年轻人口中了解到泰姬陵的现状时算起，此案实际上花费了13年，如果从梅塔第一次走进最高法院请求最高法院受理本案时算起，那应该是12年。虽然当时法院对这个案件抱有十足的同情，但是当时最高法院行使管辖权的时机尚不成熟，还不到开始审判这个案件的时机。而且，在1984年，梅塔也还没有准备好接受挑战。恒河案以及其他几个重大案件锻造了新的审判机制和新的司法趋势，幸好，合适的时机终于来临了。最终泰姬陵案的法院判决就像这座建筑本身，达到那个时代司法判决的顶峰。

1992年，最高法院开始根据梅塔的起诉状听取证人证言。也许是从恒河案中习得了经验，法院并没有在审判一开始就将焦点放在法律实施的问题上，而是根据梅塔提交的有关泰姬陵在过去15年中的退化情况的报告，开始了一条"规制规制者"之路。1993年1月最高法院命令国家污染控制委员会（Pollution Control Board）调查该区域，制作污染源目录，采取行动保证落实污染治理措施，并在5月之前向法院提交报告。考虑到泰姬陵的现状以及周围的空气污染，最高法院想让污染控制措施落实到位，这也许有一些天真。当然，污染控制措施远远没有到位。5月3日污染控制委员会提交了报告，报告显示，污染控制委员会已经确认该区域有511家工业企业，有一些类似马图拉（Mathura）炼油厂的大型工厂，还有168家铸造厂、20家橡胶制造厂和55家化工厂。报告还宣称，在所有已经查明的企业中，有507家企业，也就是总数的99%，都没有污染控制措施。实际上，有212家企业根本没有回复污染控制委员会的通知。从这一点可以明显看出，印度的那些听起来还不错的环境项目以及相关官僚机构并未实际运行，徒有其名。

  在政府不作为的情况下，印度最高法院接手了。在接下来的3年里，法院先后向各邦政府部门发布命令，或是直接对具体工业企业发布命令，这样的命令听起来倒不像是司法意见，而是更像战场上总指挥部发出的命令。印度主要的环境污染来自于工业，主要问题是煤炭的使用。所以法院开始动起能源的脑筋，法院询问了丙烷和天然气的可得性，权衡这两种燃料的成本，对新天然气管道的选址和快速建设工作发出指令，直接召集政府部门的负责人和石油、天然气公司的首席执行官。法院优雅地对他们说："为了节省时间和略去不必要的繁文缛节，我们相信直接与你们这些掌权的人对话是最有效的，因为你们可以立刻作出决定。"法院就像是在赶鸭子上架。法院给的期限很紧，比如限期3天或者限期1周。法院还是将工作重点放在调查上，希望政府能真正负责环境管理工作。最高法院在判决中写道，"保护"泰姬陵是政府及其环境部的"首要职责"。

1995年，法院更多的是希望而非基于乐观判断，要求环境部审查最新信息，"以肯定的语言列出环境部计划采取哪些措施保护泰姬陵"。法院明确表示，法院认为搬迁这些污染企业是非常必要的，但要完成这项工作，离不开环境部、中央政府以及北方邦的"积极协助"。最高法院已经"亲自"要求环境部部长检查这项工作并提交污染企业的重新选址计划。但是，最高法院"没有收到任何积极的回应"。人们可以感受到最高法院的愤怒，但是最高法院还是尊重政府部门，由政府部门采取行动。法院重申："控制泰姬陵自然保护区内的污染是至关重要的，我们希望政府部门能积极履行自己的责任。"这是行政解决的最后机会。

但是法院的一再申明并没有起到任何作用。无论有意还是无意，"印度政府并没有作出有意义的回应"。必须记住的一点是，在评价印度最高法院在此案中的表现时，或是它在其他环境案件中的总体表现时，我们要明确法院此刻面对的是什么：情况紧急。当被法院逼得很急的时候，相关政府部门就会收集信息资料，但是他们就是不愿意行动。

1996年12月30日，法院下达了最终判决，落下了锤子。最高法院在判决中援引了宪法条款、3部法律、3项国际法原则。大法官们认为，应当"不惜一切代价消除"影响泰姬陵的污染源，除了人类生命之外，"在保护泰姬陵这样的久负盛名的人类遗产时，即便1%的风险都不能冒"。接着，最高法院命令大概292家工业企业要么改用天然气作为能源，要么就搬离泰姬陵附近。最高法院还要求政府协助这些企业搬迁，建立新的机构促进搬迁程序。除此之外，最高法院还命令在泰姬陵附近建设一条支路，以便让车辆绕开这个区域，在泰姬陵周围建设一条绿化带，取消具有干扰性的特许权，采取清理亚穆纳河的初步措施。

考虑到梅塔的建议，最高法院考虑了社会影响，考虑了因为企业关闭和搬迁受到影响的雇员。最高法院判决，在过渡期间，雇员有权获得工资收入和福利待遇，雇员甚至有权获得相当于一年工资的"搬家奖金"，以帮助他们重新安家。最高法院已经启动了一项新的公共饮水工程，并制定了时间表。接下来，最高法院要求马图拉炼油厂出资修建一座有50个床位的医院，并购买两辆急救车，为受到工厂废气影响的居民提供医疗服务。以上就是最高法院的整个污染治理策略：消除污染、使用新能源、搬迁、政府协助、帮助迁移工人、公共卫生设施。这个策略也许不能发挥作用，但印度最高法院已经尽力了，没有人能指责大法官们。但是到了后来，法院却因为自己的所作所为受到了指责。

捌

人们期待故事的结局，但是这些环境案件简直太大了，也涉及太多的人性。印度最高法院对泰姬陵案的判决就像战斗命令一样，

夺回伊甸园

也确实起到了作用，许多污染设施关闭了，污染企业也搬离了，绿化带也建成了，泰姬陵附近最大的纪念品商店也搬走了，城市用上了天然气，旨在减少泰姬陵附近交通压力的重型汽车支路工程建设也加速了。法院要求提供新的报告，亲自作出要求建设、运行监测站、停车场等诸如此类的具体决定，要求将泰姬陵的部分门票收入分配给城市以便改善城市，对于它认为不积极回应或完全不回应的人发出藐视法庭罚单。

然而，阿格拉市的空气仍然有毒，亚穆纳河水的气味还是很难闻，大理石表面仍然被腐蚀。印度考古研究所已经开始用棕泥涂抹在泰姬陵的墙面上，防止墙面继续腐蚀。基于泰姬陵的小特许经营权已被终止，泰姬陵的管理权已经被交给了塔塔集团，这个集团通过生产汽车起家，已经是印度的工业巨头。换句话说，还有很多工作没有完成，而且有理由担心正在进行什么工作，谁在做，谁没有做，这种情形能够持续多久。

正如最高法院自己在泰姬陵案、恒河案以及本书没有讨论的其他案件的法院判决书中所述，这是印度政府的工作，而非司法机关的工作。但是一次又一次当法院搜集完信息，要求政府开展行动时，得到的只是政府的诸多借口，却从未看到政府有所行动。另一件由梅塔代理的环境案件涉及印度首都德里的空气污染。那里的空气污染严重到足以致人死亡，据估计，那里的空气污染每年会导致1万人死亡，而德里健康局局长对法院的回应是：这些污染物不会增加罹患心脏病或者肺病的风险。每一次遭到政府的拒绝，法院都只能勉强地接受，然后自己采取行动，一步一步做着政府应该做的事情。一篇有关恒河诉讼案的新闻报道发现了其中的问题：

> 面对来自政府部门的冷漠，即使法院能够同心协力，他们又能做些什么呢？恒河地区的政府官员除了下意识地执行法院判决之外，什么事情都不愿意做。除此之外，人们都说不诚实的政府官员们滥用法院的判决，以此为自己捞钱，除非那些企业肯给他们贿赂，否则他们就会将这些企业上报给法院。

对一些人来说，也包括步履维艰地审理环境案件的印度最高法院，这种令人沮丧的情景正是他们必须行动的理由。如果他们不参与行动，就相当于眼睁睁地看着每一年德里又有一万多人死去，因恒河污染而死亡的人会更多，恒河水上会继续燃起大火，而泰姬陵终将变成一堆石头。但是对其他人来说，正因为保护工作的难度之大、社会根源之深，法院才不应该冒险尝试。

世界各地反对"司法能动性"的理由，都是相同的。在印度，反对的声音更加激烈。一种说法是法院缺乏控制污染的技术能力，法院确实没有这方面的专业人士。另一方面，正如这个案件揭示的，污染控制的障碍更大程度是制度上的，而非技术上的。如果需要专业知识，印度最高法院已经证明它可以很快学会。

有一种说法是，法院是未经选举的机关，所以法院的这种行为是违背民主精神的，应当由经过人民选举的民主机关做这些事情。当然这种说法也有它的道理，但不能忽视的是，法院判决的依据是宪法和法律，而宪法和法律却是经过民主程序颁布的，不论最高法院或是其他法院如何看待自己的行为，都是以行动支持这些程序。

夺回伊甸园

还有人进一步说，对于涉及经济、社会成本事项的管理，包括搬迁、就业等等，如果深陷其中，最高法院有可能失去民众支持，最高法院也承认这个问题。另一方面，很多人都支持治理泰姬陵、恒河以及德里的空气环境，他们也认为牺牲一些社会与经济代价是合情合理的。

另外还有人说，法院不应当将精力过度地用在环境权保护上，大法官们应更多地帮助经济发展，这样社会公正才能自然地形成。这一点是很多批评者的底线。在1972年的斯德哥尔摩会议上，英迪拉·甘地发表过类似言论，她的看法当时是非常引人注目的。另一方面，世界各国已经逐渐发现，不加节制的发展会带来很多严重的问题，并且很多损害都具有不可逆转性。一年一万的死亡人口，这个数量太大。泰姬陵一旦消失，就无法再造。从这个方面来看，泰姬陵这座伟大的建筑也许是世界上最令人瞩目的"煤矿矿井中的金丝雀"，泰姬陵能否完好保存，是对环境保护的检验。写在泰姬陵墙面上的，不仅仅是书法，同时也在告诉人们一切都太糟了。

梅塔的事业还在继续，他专注环境案件25年了，事业也随着时间的流逝得到发展。在一起煤气泄漏案中，他将严格责任适用于危险活动。在另一起幕后权钱交易中，政府要将一座公园改造成酒店，梅塔的观点是政府违背了公共信托，并赢得了诉讼，为环境保护诉讼奠定了又一个基石。在一个状告违法政府官员的诉讼中，梅塔赢得了惩罚性赔偿。在另外一个更富有想象力的诉状中，梅塔请求最高法院要求所有的孩子都必须接受有关环保知识的教育。最高

第五章 | 泰姬陵（印度）

法院的判决更进一步，要求媒体传播环境信息，要求中小学和大学开展环境教育，要求拍摄有关环境管理、环境污染和自然世界的纪录片。

也许为了唤起公众对其环保态度的支持，印度最高法院曾说："如果要使法律得到实施，公众的不安得到解决，那就有必要让人们了解环境污染及其可怕后果。我们处在民主政体中，信息公开是这种政治体系的基础，让公民知晓一切是政府的责任。"司法能动主义？这当然是司法能动主义。在一个政府公开信息只是为了自我推销的世界，司法能动也许能让这个世界焕然一新。

左二，马赫什·C. 梅塔。中，本书作者奥利弗·霍克。照片拍摄于2003年。梅塔于1984年第一次在印度最高法院出庭，提起旨在保护泰姬陵的诉讼，后来成为全球最为多产、最为成功的环境律师之一。摄影者为埃里克·丹嫩梅尔（Eric Dannenmaier）。

149

夺回伊甸园

梅塔是一个有坚定宗教信仰的人。他虽然因那些环境诉讼而为人所知,但他还是视教学为自己的使命。他建立了自己的环境教育中心,在大学做演讲,并且还培养了一支稳定的环境律师团队。然而他还在为泰姬陵案、恒河案、德里空气案做着无休止的抗争,这几个案件中的任何一个都可能使大多数人累趴下。关于他的故事有很多版本,但不是所有对他的评价都是善意的,他的成功招来了妒忌,因此也有一些故意扭曲他的传言。而且,对于泰姬陵案,也有恶意评价。梅塔和泰姬陵都还挺立着,世上有阳光的地方也就会有影子。尽管一个正在腐朽的世界还在拼命追求其他东西,但梅塔和泰姬陵还在回归本初的道路上,因为自然才是一切美的交融之处。

LENIN'S TREES

第六章

列宁树

（俄罗斯）

> 我们第一个让法官和其他官员认识到公民有享受良好环境的宪法权利，我们也第一个让他们知道应当无条件确保公民能在法院获得这种环境权利的救济。这对他们来说，是一个意外的发现。
>
> ——维拉·米什钦科（Vera Mischenko），生态法协会（Ecojuris）主席，2001年

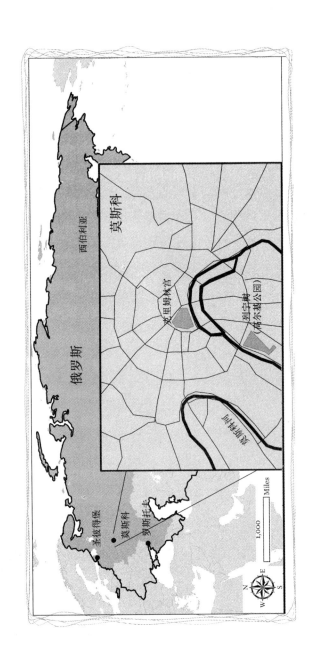

壹

1997年4月的一天，春寒料峭，在莫斯科一条最灰暗的街道上伫立着一座灰色的建筑，一场不同凡响的盛会在这栋建筑中一条狭窄的走廊上展开，这场盛会对参与的人来说是第一次，对在场的新闻媒体来说也是第一次，对俄罗斯最高法院来说更是第一次，而这栋灰色的建筑正是最高法院的大楼。参加本次盛会的人，有很多来自莫斯科州，还有一些是从更远的地方赶来的，最远的是从远东地区的哈巴罗夫斯克（Khabarovsk）。而他们来到这里是为了提起诉讼。

在这栋建筑里，一个名叫生态法协会的小型环保组织的领导者维拉·米什钦科以及俄罗斯国家杜马环境委员会主席塔马拉·兹罗特尼科娃（Tamara Zlotnikova）通过一个安着栅栏的窗户向里面的法院工作人员递交起诉状。法院工作人员收到起诉状并按照规定盖章确认，但是明显对于人群和媒体的关注感到不适。摄像机发出呼呼的声响，记者们拿着相机不停地抓拍，维拉·米什钦科和塔马拉·兹罗特尼科娃在发表讲话。室外只有20华氏度（约零下6.7

摄氏度），但是人群欢呼雀跃。这次诉讼是为了指控俄罗斯森林部擅自将公众最喜爱的公园交给私人开发商。公众状告政府的诉讼在俄罗斯并不是新鲜事了，他们之前也就政府行为向法院提起诉讼，但是迄今都没有明确结果。然而这次的案件将一路进行下去，并将在俄罗斯的法律史上留下自己的印记。

俄罗斯的森林规模大到难以想象。森林大多分布在海边，当然不是俄罗斯所有海岸都有森林。俄罗斯森林是地球上面积最大的自然景观，它们绵延地球12个时区，似乎没有尽头，彼此相似的面貌，相似的颜色能让人思绪放空，但它们也招来了砍伐与耕地开发。这就是用之不竭的自然资源。从某种意义上说，俄罗斯人能摧毁如此多的森林也是一种奇迹，同时令人惊奇的是，俄罗斯现在竟然还保留着如此多的林地。俄罗斯就是这样一个充满矛盾的国家，总是不知道指南针究竟是指向东方还是西方，也不知道俄罗斯是用格里高里（Gregorian）历还是罗马儒略（Julian）历来纪年，更不会知道这个国家究竟会称霸全球还是会退出国际社会，当然也不可能知道他们会怎样处理他们手中的那笔庞大的自然资源，接近全球1/4的森林储量都在俄罗斯手中。

森林是所有俄罗斯文化的主根。文化主根，是很难被美国人理解的，因为美国太年轻了，没有悠远的历史根系。在美国，让人产

第六章 列宁树
（俄罗斯）

生崇敬之情的东西很少，除了美国大峡谷这样的特例。当然了，就连大峡谷如今也处在人们的包围之中。俄罗斯传统日历的月份是用林事活动来命名的：一月是砍伐季；三月是焚烧季，人们会焚烧桦树丛，让它们变成肥料滋养土地。俄罗斯人会区分黑森林和红森林。当树叶落光时，在雪光下光秃秃的树木会呈现出黑色，俄罗斯人把它叫做"黑森林"。当云杉和雪松发红时，它们就会被叫做"红森林"。传统俄罗斯观念认为红森林很美，就像莫斯科红场一样。俄语中有关森林的词汇很丰富，不同类型的森林，比如，松树沼泽、杉树沼泽、青苔覆盖的灌木丛，在俄语中都有不同的词汇，也许它们之间只有细微的差别。这一点，跟因纽特人用不同的词汇描述不同的冰雪一样。

同样矛盾的是俄罗斯人的情感世界。俄罗斯民俗中一般会将大森林描绘成黑色的，因为黑色的森林里总会发生一些祸事，恶灵会在这里出没。但是森林也为人们提供食物、木柴，甚至人类生存所需要的一切，包括信仰。在俄罗斯人信仰基督教之后，他们将一些森林特别奉献出来，他们用"一行行的图标，神圣的标语还有一些祈祷"保护森林，他们也会在森林中举办教堂开光仪式。这一点与"日光太郎杉"案一样，神林信仰在俄罗斯也有悠久的历史。

17世纪，俄罗斯人将森林管理世俗化了。那时彼得大帝设置了专业的林务官，下令沿着俄罗斯帝国西部边界种植国防林，下令保护其他森林以为造船之用。彼得大帝曾对一位质疑者说："我知道你会认为我不能活到这些橡树长成的时候，这是事实，但你这样想却是愚蠢的，我种植这些树木是为了将来子孙后代能够造船。我并不是为我自己在付出劳动,我这么做是为了我们国家的未来。"对待保护森林这件事情,他是非常严肃的,他下令未经授权砍伐树木将会被判处死刑。

但是在彼得大帝驾崩之后,俄罗斯帝国就出现了第一次政策大逆转。森林管理政策也要给持续了一个世纪的"私有化"让路,大片的森林遭到了"无情的砍伐",长得最高的树木首先被砍倒了。到17世纪末,俄罗斯的森林储量下降了10%。到了1802年,俄罗斯人自己也被森林急剧减少的情况吓到了,所以政府决定采用一个新型的伐木特许制度,要求"在森林砍伐和造林之间保持平衡"。用今天的话说,就是"可持续产出"。这项制度比美国早了将近一个世纪。新的法典也要求将特殊"保护林"维持在其自然状态。这些保护林构成了海岸、河岸和运输通道两边的自然保护带,或是构成了居住区内的公园,这些公园被称为"城市的肺"。接下来再次发生了政策逆转,俄罗斯革命席卷全国,并带来更多的矛盾。

最初,革命导致了骚乱。沙皇及其制度已经被推翻,农民对木材的需求没有了遏制,都向森林伸手。布尔什维克党为了践行平等的"地方主义"理想,将所有国有林地都交给社区土地委员会管理,而这种"管理"根本就不存在。后来事情终于发生了转机,弗拉基米尔·列宁签署了一项法令,宣布废除林地私有制,转而要求对国有林地进行"有计划的资源再生",形成一种专业化林地管理。这样的法令本来可以还原彼得大帝的林地管理政策,但是有一点例外:列宁建立了伐木配额制,大量采伐树木以"服务社会主义建设"。一位来自林业的人民代表宣称,必须揭露"机会主义、富农-资本主义、源于'可持续原则'的错误的理论和实践"。这位代表还说,林业开发的主要原则必须是"集中皆伐"(concentrated clear-cutting)。

在俄罗斯共产党员的心目中,大肆掠夺自然资源是资本主义的,是与人民为敌的。正确的做法应当是采用输出配额制度。当配额数量过大不可持续时,不是改变政策,而是更换官僚机构,最终林业政策成了一场"抢椅子游戏"。在19世纪中,俄罗斯林业管理部门被重组了4次。但是在20世纪,林业部经历了20次洗牌,曾经有3次,整个部门的成员通通被换掉了。同时,俄罗斯林业政策一直偏向"皆伐",没有人能改变这种政策倾向。

故事是这样发生的。1919年的冬天,那是史上少有的严寒,在苏联革命史上的地位就像福吉谷(Valley Ferge)在美国独立战争中的地位一样。白军发起进攻,紧逼莫斯科大门,忠诚的布尔什维克党员在没有燃料和遮蔽物的情况下,纷纷冻死在城中。那时的木材非常珍贵,公园里的树木是莫斯科城中仅剩的木材储备。大家都想砍倒那些树木,燃起的火堆可以挽救很多人的生命,也许还能挽回这场革命。但是列宁下令严禁砍伐那些树木,因为公园是俄罗斯人民的遗产,是红军努力保护的对象,所以这片树林得以保留。今天,这些树木还有它们的后代被人们称作"列宁树"。不管这个故

夺回伊甸园

事是否真实,但是俄罗斯人相信这个故事。同时,"列宁树"也成为俄罗斯森林保护区的象征。

令人瞩目的是,在共产党长期执政的历史中,保护这些特别林地保护区的观念一直延续下来。1943年的一项法令将俄罗斯所有的林地划分成三个等级,划分的依据是林地的经济价值和生态价值。二级和三级的林地数量最多,这两个等级的林地允许不同程度的砍伐。一级林地是受到最大限制的,这里的树木主要用于清洁空气、净化水源、控制洪水、生物研究、公共娱乐,或者由于其无法明确、难以言表的美学价值。在那时,世界上没有其他任何一个国家的林地能享受俄罗斯一级林地的保护待遇。

我们需要在这里稍作停顿,以便回顾一下历史。1943年的俄罗斯正处在第二次世界大战的噩梦中,我们都知道第二次世界大战是人类史上消耗最大的一次战争。在不到四年的时间里,俄罗斯人口就减少了2700万,相当于以每年700万的速度递减。同年,斯大林格勒与库尔斯克战役后,东部战场已成定局,这场旷日持久的战争也终于要结束了。但是在这场战争中,苏维埃政府一直悉心照料着他们的森林资源,包括提升一级林地的保护措施。无论几十年后伴随着苏维埃政权一起倾颓的是什么,保护一级林地的政策一直延续了下来。

1991年,苏联解体之后,俄罗斯拥有前苏联一半的人口、3/4的国土面积和超过90%的森林面积。海内外的木材公司纷纷涌入,俄罗斯掀起一阵"淘金热",人们都急于将树木变成金钱。俄罗斯杜马迅速作出反应,制定了新的林业法,该法使用了现代林业管理

第六章 | 列宁树
（俄罗斯）

的所有词汇，比如可持续产出、自然保育、生态服务、生物多样性，等等。俄罗斯杜马还组建了一个新的林业政府部门，不过这个部门不再叫作林业部了。尤为重要的是，这部法典还扩大了一级林地的范围。

这部法典听起来信心十足，但随着城镇和市区的扩张，国内又产生了很多新的诱惑，比如人们想要使用一级林地建设高速通道，开发公寓楼，修建垃圾场，或者为当地官员建造别墅，这些欲望是不可阻挡的。当时俄罗斯还没有规定公民抗议活动的法律，联邦政府机关又远在莫斯科。那么地方政府最简便的方法就是许可开发一级林地，不论法律是怎样规定的，地方政府早就开始抛弃一级林地了。

肆

苏联环境法的诞生有自己的独特之处。在这个理性国家，环境法就像一个科学部门。即便是在苏维埃政权最黑暗的时期，国家科学院都可以在体制内准独立地行使倡导环境政策的权力，被认为作出了很多贡献，包括保护贝加尔湖。贝加尔湖是世界上最大的湖泊，那时也是世界上遭受着最严重威胁的湖泊。科学院同时培养律师和生物学家，就像为新社会培养工程师一样。后来发现，对于体制来说，致命的一点是，政府允许科学院成员出国。回顾历史，不难发现，科学院成为外部世界正在兴起的环境政策在苏联的入口，是有必然性的。这些环境政策跟公益诉讼等观念一样激进。这些激进的思想必然会鼓舞某些人去践行。

环保主义对当时的俄罗斯来说并不新鲜，这种思想只是一直被束缚着。各级政府都有国家承认的自然保护团体，他们从事对政府没有威胁的、热爱自然的事业，比如反狩猎活动或者控制水土流失。这些组织的发展也服务于共产主义模式，比如集体农场和工业企业内部的报告机制，报告遵守污染控制要求的情况，这些报告有时候能够促进改正，但是如果没有改正的话，也就不了了之。笔者后来发现，对于能够进一步提起诉讼这样的想法，人们认为是可笑的。

20 世纪 70 年代，美国国内掀起了第一波环保主义热潮，那时我就因为参与政府交流活动而造访了俄罗斯的几个城市，每天都是各式各样的演讲和无休止的酒会。当轮到我做演讲时，我讲了一个美国近期发生的环境诉讼，这次诉讼的目的是阻止一座大型水坝工程的建设，因为水坝工程可能会导致一种迄今为止尚不知是何物种的小鱼灭绝。我的故事说完后，场下十分安静，接着就是一阵尴尬的笑声。难道我是在说笑话吗？接着问题来了，一种小鱼是如何阻止一项水坝工程的呢？更难以置信的是，公民如何能阻止政府呢？无论当时在美国发生了什么，都是失控的。

1985 年，俄罗斯迎来了哈米伊尔·戈尔巴乔夫（Mikhail Gorbachev），也迎来一场开放改革，这让俄罗斯发生了天翻地覆的变化。切尔诺贝利（Chernobyl）核电站的灾难着实揭示了俄罗斯政府的失职，也引来了媒体对俄罗斯其他环境灾难的接连报道。此后发

第六章 | 列宁树
（俄罗斯）

生了反核抗议活动，也有传言说政府要让西伯利亚的河流倒流，一时间政府的信誉直线下滑。两年之后，俄罗斯共产党和部长会议奋起行动，通过一项"关于开展国家环境保护活动重大重建工作的决定"，并且首次就环境影响审查召开了公众听证会。政府的这点努力远远不够，并且为时已晚。1991年，苏联全盘垮台了，这为环境法革命创造了舞台。这时涌现了一批伟大的女性律师，第一位名叫维拉·米什钦科。她是一名博士，毕业于俄罗斯科学院。

米什钦科能为环境法作出贡献并不是偶然，她曾在莫斯科大学学习自然资源与环境法，她的毕业论文题目就是《环境法中民事救济的有效性》。20世纪80年代晚期，当她还是俄罗斯科学院的一名成员时，她就开始调查研究莫斯科的一处未经环境许可的发电厂建设项目。对这类事情似乎没有任何救济措施。她从不同角度，考察了不同的案件，都发现了相同的模式。法律规定得很漂亮，但是并未被执行。为了改变这种现状，米什钦科创立了俄罗斯改革开放后的首个环保组织生态法协会（Ecojuris）。1992年，新俄罗斯渐渐形成，米什钦科获得了一笔奖学金，在这笔资金的帮助下，她去美国，在两个环境律师组织中学习了3个月。她回国后决意要践行公益理念，并为此建立了基金，发展诉讼策略。

回到莫斯科，米什钦科面对的是一个全新的领域。俄罗斯法院几乎从来没有否定过政府行为，也不了解环境法。但是有利的一面是，俄罗斯当时刚刚颁布了一些法律，这些法律看起来似乎很强大，似乎能够迫使政府机构遵守法律，尽管政府机构长期以来习惯于毫无障碍地去做自己想做的事。1992年，一部框架性法律宣称每

夺回伊甸园

维拉·米什钦科,在莫斯科成立了生态法协会,对俄罗斯政府将保护林转让给私人使用的行政行为等多个重大项目提出质疑。照片由维拉·米什钦科和全球环境法联盟(Environmental Law Alliance Worldwide)提供。

个公民都享有获得"良好"环境的权利,有权免受经济活动导致的"负面影响"。在接下来的一年里,俄罗斯新《宪法》确认了公民的"健康环境权",规定了公民的集会、游行、示威权,有权在个人自由权受到侵害时向法院提起诉讼。俄罗斯新《民法典》甚至规定公民可以直接向最高法院提起诉讼。俄罗斯新《森林法典》重申了对一级林地的保护,并且规定不得改变一级林地保护区的用途,除非经过国家相关政府部门批准,并且仅限确有必要的情形。这部法律恰逢其时,就好像是为了帮生态法协会提起诉讼似的。俄罗斯1995年制定的一部法律明确规定了环境影响评价程序。突然间俄罗斯有了这么多的环境法,现在的问题是,违法现象相当普遍。

第六章 | 列宁树
（俄罗斯）

米什钦科的第一起诉讼，针对的是连接圣彼得堡和莫斯科的一个铁路项目。该项目选择了阻力最小的路线，但是需要穿过瓦尔代市（Valdai）一级林地保护区以及其他一级林地保护区。与之前她所调研的其他建设项目一样，这个项目也没有经过环境影响评价。所以，她直接向俄罗斯最高法院提起了诉讼。但是，令她失望的是，最高法院法官无心审理该案，以程序上的理由，避免对该案进行实体审理。与此同时，生态法协会展开了一场闪电式的媒体攻势，号召公众致信国家机关、议会、检察总长。超过三千市民支持这场战役，每个电视频道都对此予以报道。后来，铁道建设项目资金断裂，也有人说这些钱进了政府官员的口袋，最后这个项目被取消了。米什钦科用俄罗斯政府法令之"弓"射出了第一箭，此外，她还学到了一个有价值的经验，那就是胜诉的道路不止一条。

将一级林地保护区直接转作其他用途的问题要麻烦得多。地方官员和开发商之间经常会发生这种交易，在决策链条上存在严重的腐败问题。联邦政府林业部官员将这种行为视为地方事务，他们解释道："如果人们在一级林地保护区内建公墓，难道我们还要掘尸吗？正因为如此，我们也允许改变、转让一级林地。"公平地说，放弃一级林地保护区的情况并不是在苏联解体之后才发生，在苏联时期就已经时有发生，并且积习日久，渐渐无形中获得了一定的合法性。但是在俄罗斯改革之后，出现了一些新因素，打破了平衡。那就是，其他俄罗斯人并不乐意失去他们的公园、可以摘蘑菇的树林、野餐的场地、城市绿化带，还有可爱的乡村景观以及"城市的肺"。

夺回伊甸园

第一波反对之声来自地方。1994 年，莫斯科郊区一座小镇的镇长批准在保护林区内建设公寓楼。由于生态法协会提起诉讼，当地居民纷纷投诉，镇长改变主意，取消了该项目。几个月之后，列宁格勒市（现圣彼得堡）将一处生物保护区一分为二，以便开发新项目。这一行为同样遭到一家名为"绿党"的组织的反对，地方法院也以该项目未经环境影响评价为由停止了此项目，最高法院维持了地方法院的判决。这些各自独立的反抗行动的不足之处在于，破坏林地保护区的项目总是一波接着一波来袭，仅仅对它们进行个案斗争，难以阻止势头。

对于维拉·米什钦科来说，情况也是如此。经过深入调查研究，她发现在过去两年期间，俄罗斯政府已经将 22 个州的大约 75000 英亩的一级保护林地转作其他用途。在乌拉尔（Urals），政府转让了 1500 公顷的一级林地，用于建设垃圾场、工业大楼或是商场。在汉特–曼西斯克（Khanty-Mansiyisk）地区，一级林地纷纷变成加油站、公路或是油田。还有许多一级保护林地变成公共住房、私人度假别墅、停车场，以及其他能够带来经济收入和政治利益的东西。政府为所欲为的现象在俄罗斯是很普遍的。所有这些转让行为都不满足法律规定的"确有必要"的要求，并且这些建设项目也没有经过环境影响评价。

这种情况终于引来抗争者。在 1997 年 4 月的一天，在波瓦尔斯卡雅（Povarskaya）街道上，米什钦科、兹罗特尼科娃、生态法协会等环保组织、新闻媒体，还有一些来自俄罗斯各个角落的勇敢的人们，都汇集在俄罗斯最高法院门口的那扇小窗户前，他们要提起诉讼,他们的声音将响彻世界。

伍

他们提交起诉状的是两个林业案件,两个案子都是以塔马拉·兹罗特尼科娃的名义起诉的,塔马拉·兹罗特尼科娃本人也是俄罗斯科学院院士。除此之外,她还是国家杜马议员,一位活跃的环保人士。她曾提出环境技术法的草案,并且有十余年的立法审议经验。兹罗特尼科娃因林地保护活动而为公众所知。由于塔马拉·兹罗特尼科娃富于激情并且口才极佳,她代表原告第一个作出庭陈述,而米什钦科更多扮演了战略专家的角色,甘愿在兹罗特尼科娃之后发言。正如米什钦科后来所说,人们会觉得这不仅仅是环保组织在对抗政府,而是国家杜马的代表在对抗政府,政府一定是真正做错了什么事。

1997年4月,兹罗特尼科娃一号案件是针对俄罗斯总理切尔诺梅尔金发布的12项决定,这些决定实际上是开放了18000英亩的一级林地保护区,这些林地可能会变成别墅、公墓、垃圾填埋场、服务站或者其他场地。这次诉讼的原告最初还包括全俄自然保护协会(All Russian Natural Protection Society)。该组织在苏联时期就从事自然保育、水土保持等活动,现在又得到进一步的发展。在作为共同原告的这些环保组织中,很多是从很远的地方特意赶来,其中最远的来自托木斯克(Tomsk)和巴什科尔托斯坦(Bashkortostan)。一些地方林业部门的官员、林业专家，也是本案的共同原告。随着诉讼的进行，原告的队伍还在不断壮大，一些公共组织、私人组织都加入进来，包括莫斯科水务部门。莫斯科水务部门也担心水库和引水管道遭到污染和腐蚀。这就如同公民权利游行，最初只有几个人，后来人数越来越多，变成了一支队伍。

他们的诉讼理由很简单。尽管《森林法典》允许改变一级林地用途，但是这种改变仅限于"确有必要"，即"唯一性"，并且还需要经过环境影响评价。法律似乎规定得很清楚，但是就像对待莫斯科铁路案一样，最高法院最初仍然没有做好审理环境案件的准备。法院拒绝审理该案，理由是总理的这些决定过于抽象，不能直接适用。兹罗特尼科娃的观点则正好相反，认为这些决定"是具体的，一次性的，并且会产生实际效果，那就是让具有独特性的森林生境失去保护"。进一步来说，否定原告的起诉权，也就否定了宪法保护的获得法院救济的权利。

如果不是因为最高法院副院长妮娜·瑟吉娃（Nina Segeeva）的支持，兹罗特尼科娃他们提出的这些理由都不会发挥任何作用。瑟吉娃是一名备受尊敬的法官，她赞同兹罗特尼科娃的观点，将该案提交审判委员会讨论。后来，最高法院改变自己的决定，决定受理他们的起诉，毕竟他们的起诉理由是有法律依据的。本书下文将讨论本案的实体问题。

到那一年的秋天，这个案子已经变得广为人知了。该案原定于11月末第一次开庭，但是因为新增22名原告，因此延期开庭。一个月之后，法院第一次开庭，这次开庭相对比较安静。政府部门还

第六章 | 列宁树
（俄罗斯）

未曾适应这种严肃的挑战，也并没有把这次诉讼放在心上，所以只派了两名代理律师出庭。但是到了后来，政府的代理律师人数增加到了 15 名，还聘请了一位私人执业律师和一群专业人士，但那个时候案子已然木已成舟了。政府律师一度对米什钦科、兹罗特尼科娃以及她们的女助手们说："你们这些女人们最好还是回家去唱《布良斯克森林之歌》（*Bryansk Forest*）吧，总比在法庭之上做那些愚蠢的陈述要好。"但是这样的语言在法院并没有收到良好效果。法院警告政府律师，如果他再次发表这种言论，他将被取消代理资格。这样的情况不得不让人惊叹，不管政府代理人对她们坐视不理还是恃强凌弱，都没有影响法官审理案件。这次对政府的惩戒似乎奏效了，政府不得不增加代理律师。这几乎是开启了一个新的时代。

同时，生态法协会也发起了政治宣传活动，每周都发布新闻公报，并向政府机关和代表发送公开信，点出这些官员的名字，让这些官员如坐针毡，敦促他们维护法律。第二年二月的第二次开庭又被推迟了，表面上是因为一位原告的缺席，但实际的原因是生态法协会提交的文件几乎压垮了法院。也许来得有一些晚，但联邦政府林业部还是开始了反击，他们的官方报纸要求法院不要被这些"崇尚绿色的歇斯底里的人"所动摇。最后，林业部官员们都想不到他们的决定竟然会遭到法院的拷问。当时一位观察家在文章中说这些官员们"郁积着不满"。他们问道："你们所说的环境权利究竟是什么？你们是说我们的决定不合法？这些障碍是可以克服的。"

最终，第二次庭审终于在二月底开始了。兹罗特尼科娃和她的同事们带来了一些专家为她们作证，这些专家最远的来自西部边界地区和西伯利亚，他们力图证明一级林地保护区的重要价值和将这些林地降级会造成的危害。林业部此时也试图为自己撇清关系，他们说他们做的不过是发布许可，这些行政许可不过是一张纸，最终决定权还是在地方官员手上。但是，一位林业部官员承认："位于乌拉尔市车里雅宾斯克（Cheryabinsk）地区的被降级的林地中，有超过80%的林地已经投入开发了。"所有人都知道，转让许可就是死亡执行命令。

但是，很难读懂法院的心思。审判进行两天之后，法院已经驳回了原告的好几项申请，包括增加原告人数，这些想被增列为原告的人来自遥远的地区，有的来自北部的卡累利阿（Karelia）共和国，有的来自白令海峡附近的库页岛（Sakhalin）；几位专家证人也未被法院允许出庭作证。审判第三天，兹罗特尼科娃和她的同伴们采用了更为激进的策略。根据俄罗斯民事诉讼法，主要证人及其律师可以作总结陈词。他们决定要充分利用这个机会。一群公认的专家声讨法院程序不公，他们要维护宪法和法律赋予他们的权利。更为戏剧化的一幕是，政府自己的律师当庭出现角色反转，来自总检察长办公室的一位年轻女检察官这样说道："我刚才是作为检察官发言，但是现在我想作为一个公民发言……"然后，她猛烈地抨击了政府的行为。她说，政府的决定是非法的，会带来严重危害。

庭审结束了，法院退庭评议。最高法院大楼外，环保人士的示威游行已经持续了三天。在大楼内部，环保人士已经将法院挤得水泄不通。两个小时之后，法院再次开庭，宣布判决。法院支持了原告的所有诉讼请求：由于存在环境损害，未经环境影响评价，不具有必要性，因此这 12 项决定都是无效的。厅内随即响起了欢呼声，掌声经久不息。

他们的欢乐是短暂的。维拉·米什钦科研究了这些决定本身，但是提起诉讼的时间是在三个月的诉讼时效之后。在对方上诉之后，由最高法院全体法官组成合议庭审理，法院推翻原来的判决，经过重审之后，只有两项政府命令没有超过诉讼时效，其余 10 项均已超过诉讼时效，成为漏网之鱼。兹罗特尼科娃也提起上诉，说服法院认定另外两项质疑没有超过诉讼时效。最后，12 项命令中的 4 项被判决无效，其余 8 项逃脱了。

生态法协会继续发力。他们还没有等到第一起诉讼的上诉判决，又提起了第二起诉讼。兹罗特尼科娃二号案对政府另外发布的 13 项命令提起了诉讼，其中一些已经是政府很多年前发布的了，但是其中至少有一项是在法院对第一场诉讼作出一审判决之后，政府又悍然作出的。在第二起诉讼中，原告也请求法院作出一项预先判决，宣告将来所有未经环境影响评价的转让程序都是无效的。为了检验《宪法》和《民法典》的新规定，该诉讼是为"当代和后代的所有俄罗斯公民提起的"。在新闻媒体报道之后，成千上万的俄罗斯人向生态法协会写信或者发传真，请求生态法协会代表他们和他们的子孙后代。这样的情节，跟"未成年的欧博萨案"非常相似。

当一切尘埃落定，最高法院认为，这 13 项命令中的 12 项都已经超过了诉讼时效，但是最高法院向时任总理叶夫根尼·普里马科夫（Yevgeny M. Primakov）提出了一项意见，宣布转变一级林地用途的政府程序是无效的,因为原告享有良好环境的宪法权利遭到了侵害,政府在作出决策之前,没有履行征求公众意见的义务。有一股强大的动力要求扩大民主。从某种意义上讲,法治是政治改革之后必须做的事情,也是尚未完成的事情。此后,情况又发生了变化。

如果没有向所有人免费开放的西方民主,是否可以开展环境保护呢?俄罗斯也许可以告诉大家。但是迄今为止,情况似乎是否定的。西方社会中的环境保护是建立在公民参与、抗议、游行、全民公决之上,除此之外公民还可在法院提起司法程序以防止政府串通做假,正是这些力量形成的合力推动着环保事业的进步。可以肯定的是,环境保护能够促进公民社会的发展,但环保成效的高低也反映出公民社会的发展水平。20世纪90年代苏联解体之后,俄罗斯开始改革,政治活动相对公开化,国内环保组织和公益法一度繁荣,这些并不意外。戈尔巴乔夫和叶利钦(Yeltsin)执政时出现了持续几年的环保高潮,俄罗斯颁布了一系列环保立法,在联邦政府内设立了独立的环保部门,资助建立联邦公民论坛,以促进公众参与和公民组织的发展。这些情况跟美国20世纪70年代的情况非常相似。

但是戈尔巴乔夫执政时期对人们的生活产生了翻天覆地的影

第六章 | 列宁树
（俄罗斯）

响，已经有 70 多年历史的偶像被推倒了。接下来的叶利钦时期，国内又陷入一片混乱，苏联解体，独立国家联合体成立。但在此之前，俄罗斯经历了一场疯狂的市场自由化运动，成百上千前政府官员和企业家攫取了苏联政府的财产，包括国有自然资源，当然也包括树木。自由市场下，寡头垄断者一夜暴富，他们控制了石油、林业等其他需要政府特许的产业。之后，叶利钦亲自挑选了自己的继承人——弗拉基米尔·普京（Vladimir Putin）。

在这些森林案件发生之后的十年里，俄罗斯再次发生了一场权力结构变化，历史学者对此不会陌生。这种变化是极端的，它将俄罗斯再次带回到中央集权和强人政治。这种现象最重要的体现就是中央集权和弗拉基米尔·普京。联邦政府再次上收权力，国内流行的是："垂直型政权""受管制的民主"等政治词汇，这些都是对西方式环保活动的挑战，因为不管在哪个地方，西方式环保活动对政府都是一个挑战。几年一次的政府选举是条件之一，还有一个更重要的条件是公民可以质疑政府的行为，并可以请求法院进行司法审查。2001 年，一位纽约记者评论道："普京并不常常进行公开性的政治镇压活动，但是也许环保运动是一个例外，因为环保运动往往会引发公众舆论，比如针对污染和健康危害问题的舆论。"这个记者接着说道：环保主义者"能够干扰大规模经济活动，而这些经济活动会使行政部门以及他们的同盟者受益"。这种评论是很有先见之明的。

随后俄罗斯政府开始镇压那些批判自己的人，包括对环境批判者进行几乎不加掩饰的镇压，打击效果胜过扫荡。仅仅在几年之内，普京就将电视台收归国有，取消了独立媒体，对记者实施恫吓（据说普京政府"秘密"杀害了几名记者，其中包括一位美国新闻人士）。他还用自己指定的官员换掉议会中民主选举出的代表，排挤反对派政党，将石油产业国有化，并使用残暴的手段迫害独立商人，让那些对俄罗斯抱有同情的外国观察者都感到震惊。但是，俄罗斯人对此并没有感到特别惊讶，而且他们自己手握选票。2004年，普京以70%的支持率再次当选俄罗斯总统，到下一届选举时，他的支持率再次猛增到80%。这些都是下述环境案件的背景。

普京自己的观点也是非常复杂的。一方面，他公开表示他将忠于环保以及有关环境的公民权利。在一些特定场合，比如应对公共关系事件时，他的决定是"绿色的"。但另一方面，他同样认为环境问题对国家具有危险性。他曾经抱怨，"只要我们一开始做一些事，反对的声音通常都是来自环保阵营"，但是这些环境问题并非真实存在，而是反对派政党为了阻止政府活动编造出来的。普京认为，更糟糕的是环保组织为外国势力提供了一根杠杆，让他们操控俄罗斯社会以及政府的决策，但这些外国势力的目标通常是经济利益。他接着说道："我们曾准备在芬兰附近建造一个港口，据我所知一些企业资助了环保组织的对抗活动，这些企业的目的就是要阻止这个项目，因为港口建成后会与他们的企业竞争市场。"在他眼里，外国渗入者的动机就更加邪恶了。1999年，普京宣布："外国情报机构不仅用外交手段套取情报，而且还会伪装成各种各样的生态组织。"

出于以上顾虑，同时也是因为政府对于批评声音根深蒂固的反

第六章 | 列宁树
（俄罗斯）

感，普京开始大肆压制环境法和环境公民社会的发展。2000 年，他废除了环保部和州政府的环境保护委员会。他还削弱了《环境技术法》的功能，一位学者认为修订后的《环境技术法》"实为糟糕，但总比什么都没有的好"。普京还撤销了林业部，将林业部的职权交由自然资源部行使。但是，根据法律规定，自然资源部的职责是生产，而非保护。在维拉·米什钦科看来，"这根本就是让狗看守肉骨头"。

之后的情况更加糟糕，环境监管消失了，工业企业的排污费制度也终止了。超过 250 万俄罗斯公民签署了公民投票书，反对废除环境保护部门和林业部门，普京遂即修改了法律，禁止非政府组织发起这种公民投票。《森林法典》接下来的命运就像《宝林历险记》（*Perils of Pauline*）的主人公那样，数次经历命运的曲折与逆转，但是却看不到尽头。来自俄罗斯科学院的一位资深林业专家，很长时间以来都是此类争议的非官方评判者。他说："刚开始我们还尝试发挥自己的力量，但是大约到了第 15 稿时，我们彻底放弃了。"到了最终版本，这项法律已经被修改为促进一级林地转变用途。这是一个新的政治时期，当然同时也是一个非常古老的政治时期。

政府打压环境保护者的行动也是非常极端的。内陆地区的一些小型组织对政府提议表达了反对的声音，此后这些组织遭到政府的搜捕、审计、恐吓，甚至被吊销了执照。绿色和平（Greenpeace）位于莫斯科的办公室就曾被政府洗劫，政府的借口是办公室内的一间小房间未经行政许可，属于非法建筑。曾经有一位退役的海军上校向媒体透露了废弃核潜艇产生核泄漏污染的情况,接着他就被关押起来,并且被指控构成犯罪。同样的事情还发生在一名记者身上,因为他曾报道了有关西伯利亚环境的消极新闻。然而政府还不满足个案攻击,2007年1月,普京签署了一项法案,要求披露公民组织成员名单、资金状况、资金来源。位于圣彼得堡的贝罗娜环境权利中心(Bellona Environmental Rights Center)的主席说道:"克里姆林宫正在建立一项杀死他们的机制。"

在评价森林案的效果时,需要考虑这种充满了敌意的政治环境。曾经有段时间,环境保护行动如火如荼。生态法协会此后开始挑战西伯利亚北部和库页岛的石油开发项目,这里的石油开发毫无节制,但是这片地区是8000因纽特人的家,这里还有大量濒危海洋哺乳动物,整个国家大部分海鲜都来自这里。这里发生的事情甚至让有些石油商人都感到烦恼,正如一位西部石油公司的经理所述:"当你到了那里,看到眼前的一切,如果你不感到恐惧,至少你也会感到惊讶。那里到处都是发生泄露的油井,湿地上是大片泄漏的石油。那时你会对自己说:'我能做些什么呢?'"而当时俄罗斯正要做的就是加快开发的进程,政府与埃克森-美孚公司(Exxon-Mobil)签署了一项协议,协议约定俄罗斯政府对钻井废物豁免适用污染控制制度,并且不要求环境影响评价。1999年,生态法协会向最高法院提起诉讼,最高法院宣布政府的该项批复无效,要求重新作出行政行为。5年之后,生态法协会再次来到法院,同样是因为该项交易。

生态法协会也向核工业发起进攻。在切尔诺贝利核电站泄漏事

第六章 | 列宁树
（俄罗斯）

故之后，核污染是一个特别敏感的话题。20 世纪 90 年代晚期，普京控制的杜马废除了禁止从外国（包括美国）进口放射性废物的禁令，这为俄罗斯开启了一单数十亿美元的生意。对于俄罗斯公民来说，这相当于用他们的生命安全换取他们永远也看不到的现金。生态法协会和其他组织共同举办了一次公民投票，提出了多项要求，包括要求恢复该项禁令。他们一共收到 250 万个签名，比他们需要的多出了 50 万个，但是政府认为其中有 60 万个签名是无效的，因此他们的请愿也是无效的。接着，生态法协会就政府否定这次公民投票向最高法院提起了诉讼。最高法院已经被驯服了，不想卷入这场争论，驳回了生态法协会的上诉。普京取得了胜利，人们能够感受到他的血压又升高了。

随着事态的发展，俄罗斯政府又批准了一项 150 亿美元的输油管道项目，这条输油管道距离贝加尔湖不足 100 米。生态法协会和伊尔库茨克城（Irkutsk）的居民共同发起一系列的"快闪"行动，他们在树上挂上蓝色和黑色的气球，蓝色的气球代表现在的贝加尔湖，黑色的气球代表被石油污染后的贝加尔湖。5000 多人聚集在伊尔库茨克城的街道上举行抗议活动，这是数十年来发生在这座城市的规模最大的游行活动，游行人数之多，超过了政府的逮捕能力。当这个州的审查组对这个项目投了反对票之后，政府迅速挑选自己的人替换这些反对成员，组成新的审查组。2006 年年初，米什钦科就此提起诉讼，但真正发挥作用的还是媒体曝光和公众舆论。在公众的巨大压力下，这家石油管道公司才变更了管道路线，新的管道路线距离贝加尔湖大约 400 公里远。普京因为这项决定受到公众好

175

评,但此后他将这些环保抗议活动都定性为极端主义行为,并将采取措施加以控制。

尽管环保组织取得了一些成功,但是在俄罗斯打赢环保仗的可能性越来越小。这么多年来,普京当了总统又当总理,当了总理之后继续当总统,一直是俄罗斯的老大。虽然俄罗斯最高法院能偶然地在林地案中发挥出自己的作用,但在之后的环境案件中,他们的态度都是摇摆不定的。当最近被问到林地案时,米什钦科似乎有些不满意,她说今天她们再也不可能取得这样的胜利了。目前,米什钦科也停了下来,她已经离开生态法协会,改做私人顾问了。她这样做可以避开压力。在这个国家,在政府眼里,即使她不是敌人,也是在无心地为敌人打头阵。但是,她和她的同事们完成的事业,将被历史铭记。

大约二十年前,俄罗斯摆脱了沙皇政权和苏维埃制度,要求政府遵守法律,包括环境法。不管政府自己如何宣传,大多数政府都不喜欢将法律适用于自己。在俄罗斯,法治倒退特别严重。但是米什钦科她们曾经取得了林地案的胜利,这样的先例会继续挑战政府的决定。它们也许处于潜伏期,甚至处于休眠状态,但是包括俄罗斯总统在内的所有人都能感受到它们的存在。它们是希望的种子。对于这一点,我们是相当有信心的。

ACHELOOS

第七章

阿刻罗俄斯河

(希腊)

> 最终我们会用阿刻罗俄斯河奔腾的河水来干一番有用的事业!
> ——《工程新闻记录》(*Engineering News-Record*),1988年8月

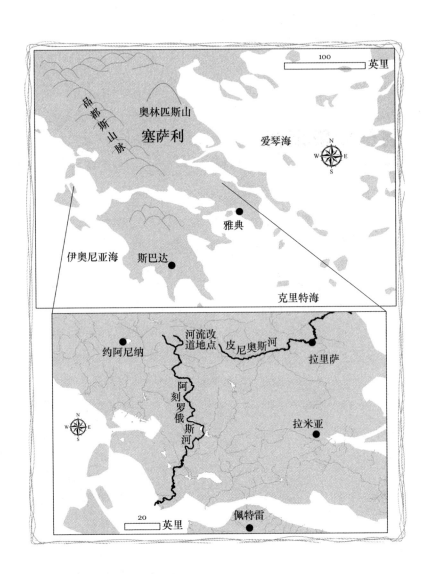

壹

阿刻罗俄斯（Acheloos）是河神，阿刻罗俄斯河的河水哺育了卡吕冬（Calydon）王国。卡吕冬国王有一位非常美丽的女儿，名叫得伊阿尼拉（Deianira），河神阿刻罗俄斯倾慕得伊阿尼拉的容貌，想要娶她为妻。但不幸的是，爱上得伊阿尼拉的不止阿刻罗俄斯一个人。受人敬仰的大英雄赫拉克勒斯（Hercules）"错手"杀死了他的第一任妻子，还有一种说法是他在一时气愤下杀死了他的孩子，转而将责任转嫁到他妻子身上，随后又将他的妻子赠给了一个陌生人。不管真实情况如何，赫拉克勒斯现在是单身了。阿刻罗俄斯面对赫拉克勒斯的竞争，他决定要说服这位大英雄，他对赫拉克勒斯说，作为一个本地人，得伊阿尼拉的父亲必然会站在我这边。他还坚持说自己是神，赫拉克勒斯必须服从自己，但是阿刻罗俄斯的努力都是徒劳的。赫拉克勒斯对他说："我的手比我的嘴巴更有力量，你也许能在言语上胜过我，但是在公平较量中，你却赢不了我。"此时阿刻罗俄斯已经准备好为美人得伊阿尼拉而战了，他一开始就觉得没有获胜的希望，于是幻化成一头公牛，但是赫拉克勒斯撕下他的牛角,将他逼回到河床。直到现在,阿刻罗俄斯河的河床上还保留着那一战留下的伤口。现在,该是希腊人来治疗阿刻罗俄斯河的伤口了。

阿刻罗俄斯河是希腊境内如今最长的一条河流,河水发源于品都斯(Pindos)山脉的山毛榉林深处,河流总长接近 200 英里,它的美丽是显而易见的。在过去的 25 年中,希腊政府一直在尝试将阿刻罗俄斯河的河水输送到塞萨利(Thessaly)。要不是因为环境法上的障碍,希腊政府早就得逞了。更加特别的是,希腊法院的干预使该法院成为整个欧洲最有环保意识的司法系统,甚至是世界之最。

阿刻罗俄斯河案一度引出司法权、行政权、欧盟权力三者各自的界限问题,欧盟权力是写作本书时新出现的权力,本身也处于发展之中。那么我们在这个案件中,就出现了三角权力对峙关系,没有人知道哪一个角能决定阿刻罗俄斯河的最终命运。

塞萨利地区一直在希腊国内占据着重要地位,它从雅典往北一直延伸到品都斯山脉的东麓。雅典也许是这个国家的权力中心,但却靠塞萨利填饱全国人民的肚子,皮尼奥斯河(Pinios River)以及大大小小的湖泊为塞萨利平原提供了水源。发达的农业带来了财富和独立,这让塞萨利能一直引领历史的潮流,时而与波斯结盟,时

第七章 | 阿刻罗俄斯河
（希腊）

而与雅典结盟，并最终成为独立的男爵封地，直到北方奥斯曼人攻克希腊。希腊政府为何如此钟情于今天的阿刻罗俄斯项目，也许唯一的合理解释就是这片区域的经济和政治实力。从根本上讲，这个项目就是一个大型调水工程，就是要将品都斯山脉西边贫困地区的水源引向东部和塞萨利地区，那里是希腊国内经济发达的地区。

政府的这种想法并不新鲜，20世纪20年代一位雄心勃勃的工程师第一次提出这个方案，巧合的是，这位工程师正是来自塞萨利，他在苏联接受高级培训后萌生了这个想法，并且后来成为希腊国立技术大学的院长。这个梦想一直处于沉睡状态，第二次世界大战结束之后，希腊终于有机会可以建造苏联式的大型公共工程，可以唤醒塞萨利平原这个沉睡的巨人了。但是，一系列的革命、内战和政变暂时阻止了这项宏伟计划的实施。但在这之后，到了20世纪80年代，国内局势趋于稳定，尘封多年的阿刻罗俄斯计划唤起了人们的注意，再次成为政府发展战略的核心。从14亿到65亿美元，不同的人可能计算出不同的数字，不管怎样，对于希腊来说，该项目都是该国历史上投入最大的项目。

这项工程非常简单，但是工程巨大。该项目需要在阿刻罗俄斯河上建设4个独立的水坝和水库，两条穿越品都斯山脉的输水管道，以及一条将水引到塞萨利平原的运河。这项工程的目标简单明了，那就是将水输送到塞萨利平原上种植棉花这种高耗水农作物。从阿刻罗俄斯河输送过来的河水中，有90%将供农业灌溉之用，而农业灌溉用水中又有90%将会用来灌溉棉花这种农作物。最后，正如一本工程学杂志激情洋溢地说道：最终我们会用阿刻罗俄斯河奔

夺回伊甸园

腾的河水来干一番有用的事业！在任何一个工程师的心目中，让水白白地在河里流淌都是一种浪费。

希腊建设部门对这个项目充满了热情，但是热情更甚于他们的是塞萨利平原上种植棉花的农户。政府实施了一系列项目，通过法律使种植棉花收益丰厚，提高了人们种植棉花的热情。欧洲的农业政策保障了棉花的价格，对于增加的产量给予重奖。同时，政府的区域发展项目为该区域的水利灌溉工程建设提供资金。如此，棉花种植户是绝对不会亏损的。如此幅度的农业补贴让农民觉得这是他们的一项权利。用一位希腊评论家的话来说，"这就像是契约。"从这个角度看，阿刻罗俄斯项目就是政府在履行自己的承诺，该承诺的成立，一方面是因为政府自己的行为，另一方面是因为用水需求。

原来的水源已经耗尽，塞萨利平原上的农民已经将水源开发殆尽，并且严重污染了皮尼奥斯河。有些河段因为污染严重根本无法使用，而另一些河段一年断流好几个月。农民将装着上百万加仑雨水的湖泊抽干，仅仅是为了多种几公顷的土地。他们打了太多水井，含水层已经干涸了。棉花是一种需水量极大的农作物，但是就这样一个2000多年来土地一直被滥用的干旱国家，在20世纪80年代末，竟然成为世界第五大棉花出口国。希腊种棉花的农民获得了全世界最高的补贴，其他国家都望尘莫及，而希腊的棉花主产区就在塞萨利平原。

当然，品都斯山脉的另一边也有人居住。事实上，他们早就依靠阿刻罗俄斯河为生。但是，他们不是塞萨利人。就在20世纪80

第七章 阿刻罗俄斯河
（希腊）

年代，阿刻罗俄斯项目开始第一次竞标时，他们这些人似乎无关紧要，就像是一阵来自远方的微风，没有人会留意到他们的存在。

在品都斯山脉的另一边，崇山深处，峻岭隘口，有个小镇名叫迈若菲罗（Myrophyllo），镇上有座拜占庭风格的修道院，名叫圣乔治修道院（Saint George）。这座修道院的历史可以追溯到公元11世纪，是希腊人心中的一处特别地方。在对抗奥斯曼帝国的战争中，"希腊之友"（Friends of Greece）是抵抗外敌入侵的主力军，就藏身于修道院里的秘密通道。这段历史也为希腊1820年代革命提供了精神源泉，希腊人终于又夺回了自己的家园。修道院的墙上有着精美的彩色水纹壁画。但是，这座修道院差点就在1993年被水库淹没了。迈索霍拉水坝（Messochora Dam）是阿刻罗俄斯项目的第一期工程，该水坝原计划于1993年建成。大坝建成之后，水库将淹没圣乔治修道院，这些精美的壁画都将沉入水中，同时被淹没的还有迈若菲罗小镇。镇长乔治奥斯·拉普蒂（Georgios Rapti）说没有人咨询过他的意见，他还说："也没有人向我们解释这里发生了什么。这里是我们的农田，我们的胡桃树，我们的历史和遗产，山坡上是我们的家，但这一切都要消失了。"

不仅仅这个小镇，品都斯山脉西侧山坡上的所有小镇都会被水淹没。他们的房屋是用扁平的石头堆砌而成的，看起来就像一本本整齐的书；成荫的蔓藤像是为镇中的小路搭起了屋顶，这些蔓藤的茎干能有成人小腿一般粗细，它们庇护了镇上一代又一代人。对一个因沙滩海岸和雅典古城而闻名的国家来说，这种山地生态系统就是从天空掉落的珠宝，希腊干净的自来水、银鱼和雪都来自这里。山谷里的小溪缓缓绕过石桥，这里的石桥可以追溯到古罗马时期，这些古桥多是简单优美的曲拱造型，但从累桥的石头看，就能发现这些石桥的精致做工不亚于细工家具。这里就是阿刻罗俄斯河的发源地，但是这里也会被河水淹没。

正如人们常说，不打破鸡蛋就做不了鸡蛋饼。迈若菲罗镇的镇长虽然对于即将失去小镇深感惋惜，但是就连他也承认这一点。他说："我们不能成为发展道路上的障碍，如果这种发展是对希腊有利的话，但是据我们所知，牺牲我们仅仅是为了种植更多的烟草和棉花，让那片土地上的农民更加富有。并且现在政府已经为了维持烟草和棉花的价格，采取措施压缩烟草和棉花的产量，甚至给予农民补贴让农民不种烟草和棉花，他们却修建这个项目用于增加烟草和棉花的产量。"镇长提到的问题正是阿刻罗俄斯项目的另一个方面，毫无疑问，在这个问题上，政府的做法非常狡猾。

在策划初期，这个项目有两张面孔，用哪张面孔示人取决于项目策划书是呈交给谁阅览。在20世纪80年代末，欧洲共同体就已经开始反思是否应该支持诸如棉花等作物的种植，这些经济作物的种植量已经够大了，政府已经开始补偿农民，让他们不要再种植这类农作物。在看到欧共体的决定后，为了获得欧共体的资助，希腊政府改变策略，将阿刻罗俄斯项目包装成一个水力发电项目，呈递给欧共体。而在希腊国内，政府对资助者宣称这是一项拯救塞萨利平原的农业扶持项目。政府清楚地知道哪个版本是真实的，哪个版本只是伪装。

宣称阿刻罗俄斯项目能同时发电和灌溉是造成项目认同危机的原因之一。储蓄更多的水用来发电，那么可以用来灌溉的水源必然会减少，反之亦然。用伦敦《卫报》的观点来说，希腊政府的计谋"变成了一场闹剧"。希腊电力公司认为阿刻罗俄斯项目会减少现存发电站的水源供给，因此要求补偿他们 1600 万镑的损失。阿刻罗俄斯项目一开始就遭遇了麻烦。

接着又出现了更加不利的调查数据。研究显示，棉花产量并不会像预测的那样增加 7 倍，如果足够幸运，棉花产量至多增加 50%。在通货膨胀处于低水平时，尚不能维持较低的生产成本，更何况实际情况是通胀水平持续飞涨。生产设备的运行会产生成本，其中有些构造复杂的生产设备在经过几十年的使用之后已经破烂不堪，没有维修意义。在最初预测项目收益时都没有将这些内容考虑在内，同样被忽略的成本还有从水源到田间地头之间的引水灌溉工程的成本。一篇新闻报道将政府的诡计比作"希腊神话中的开黑店的强盗普罗克路斯忒斯（Procrustes），为了让那些他抢来的尸体符合床位的尺寸，他就将尸体截短或者拉长"。

其实并不是希腊政府不想提交一份优秀的报告单。政府曾经三次聘请独立的分析机构对阿刻罗俄斯项目进行成本收益分析，但是每次的分析结果都是成本大于收益。在最后一次尝试中，希腊政府聘请了一家名叫摩根建富（Morgan Grenfell）的英国事务所，政府特意只给这家事务所很短的期限以及有限的信息,甚至不允许他们提任何问题。接下来,摩根建富在提交的报告中,明确承认准备不足,为不能准确预测寻找借口。该报告说,"由于时间所限,我们不能广泛收集信息,比如水文信息;我们也不能使用先进的水文学技术"。但是,报告的最后结果还是给希腊政府泼了一盆凉水:如果棉花价格持续处于历史高位,并且通货膨胀一直处于历史低位,也许阿刻罗俄斯项目能保持收支平衡。不久之后,摩根建富的项目总监连这样的预测都予以收回,他认为:"任何人说我们肯定它[阿刻罗俄斯项目],他都是故意对实情有所保留。"没有人愿意为此负责。

当然,所有这些,对于塞萨利地区的农业产业和希腊政府,都无关紧要。此类工程的目的显然不是为了使投资和收益具有正当性,而是为了将一方的财富转移到另一方,特别是要将收益转移到游戏一开始就被承诺即将获益的那些人手里。项目完全没有考虑的另外一个事实是,塞萨利平原上的农户一直都在浪费水资源,好像每天都是他们人生在世的最后一天似的。塞萨利流行的种植习惯是在每天高温时,用"高压水炮"浇灌农作物,这种水炮能将水柱喷入空中,就像天女散花一样。这样的灌溉方式只能保证一半的水进入土壤,另一半在落入土地之前就蒸发掉了。这个区域的灌溉沟渠没有使用管线,而且完全暴露在阳光照射之下,因此大量的水在灌溉沟渠中就渗漏掉了或者蒸发掉了。同时,在地力耗尽的土地上单一栽种某一农作物需要更多的杀虫剂和肥料,这些化学品不仅会渗入地下水,还会残留在仅有的地表水中。

第七章 | 阿刻罗俄斯河
（希腊）

到了20世纪80年代末，塞萨利地区的棉花作物完全靠化学品生长，并且透支了未来。皮尼奥斯河枯竭了，水井中也只能抽出咸水。但是他们的解决方案不是将灌溉时间从白天改到晚上，不是用地表灌溉法代替高压水炮灌溉法，不是设计合理的灌溉沟渠，也不是在水渠上盖上盖子，当然政府更没有提高水价以促使种植农户学会节约。人们完全没有考虑采用轮作代替单一种植，或是改种一种更具可持续性的农作物，以应对大家都已经看出来的燃料价格上涨和更加频发的干旱。塞萨利的解决办法就更加简单了，那就是不惜一切将阿刻罗俄斯河的河水引过来，不管这要耗费多少时间，他们都绝不改变主意。塞萨利已经等得够久了，并且这一次他们有了雅典的支持。

但是在欧洲，还有另一个类似政府的机构。它的形成过程比美利坚合众国慢得多，后者仅仅花了二十多年就形成了。此外，欧洲长期战乱，说不同语言的国家之间的混战持续了两千年，各国人民自小就学会了仇恨彼此。美国人将他们的政府建构称为"费城奇迹"，这确实是一个奇迹。与之可以比拟的一个事件50年前也在欧洲发生了，并且仍在继续进行。其实大西洋两岸面对的问题是相同的：在中央政府和成员政府之间，最终决定权到底在谁的手中？

美国也是经过两轮努力才在联邦政府决定权的问题上达成一

致。欧洲各国也同样警觉,《罗马条约》类似于美国邦联条约,但是更加松散。欧盟最初的名字是欧洲共同体,这是有原因的。欧共体没有固定的主席,主席由来自各个成员国的人轮流担任。只有在所有成员国都投票支持的情况下,才能制定法律,这也就意味着任何国家都有否决权。即使全体一致通过的法律,基本上也只是一种"指令"文件,仅仅设定目标,然后由各成员国制定实现"指令"目标的具体国内法。位于布鲁塞尔的一个委员会负责远程监督各成员国的履行情况。欧盟法院也在于监督各国,但是需要经过冗长的旨在促进和解的诉讼程序。总之,很难想象还有比这更加间接,更加尊重成员国的监督了。如果有的话,它们也许早就这么做了。

当遭遇到环境政策时,欧共体的权力就不再是间接的了,而是完全不存在。有关欧共体的一切都规定在《罗马条约》之中,但是《罗马条约》又是基于各国之间的自由贸易。商业沟通就像一块磁石将各国吸引到一起,最初的协定主要是用来消除各国之间的贸易壁垒,几乎别无其他。条约中没有任何有关环境保护的内容。那么,人们也许会想,至少在环境政策方面,希腊和其他成员国不必畏惧来自布鲁塞尔的监督了,如果它们制定了任何环境政策的话。但是,相反的情况发生了。

20世纪70年代,欧共体开始逐渐通过一系列环境法律。尽管根据《罗马条约》,欧共体缺乏环境方面的明确授权,但是布鲁塞尔发展了一种理论为自我授权,布鲁塞尔一再强调自己有责任"协调"各国法律,以便维护成员国之间的经济平等。该理论同样适用于污染控制等诸多环境问题,因为一些成员国可能为了工业发展而

第七章 | 阿刻罗俄斯河（希腊）

故意削弱环境管制。经过一段时间之后，这种保护环境是为了维护贸易公平的说法越来越让人觉得是故作遮掩了，最后欧共体索性干了一件更加直截了当的事情，那就是直接修改《罗马条约》。此后，欧共体就能为了保护环境而保护环境了，接下来它还将告诉各成员国究竟该如何保护环境。修改后的条约让希腊措手不及，因为那时他们正在筹备阿刻罗俄斯项目。

新条约格外引人注目，它抛弃了制定法律需要经过全体成员国一致同意的要求，这意味着即使存在一些负隅顽抗的成员，一些要求严格的法律也能顺利通过。与此同时，新条约还赋予了经过选举的议会成员相同的投票权，这让大众的意见也可以影响选票了，但是欧洲的民意也许更偏向环保，于是欧盟发布了一系列环境保护类的指令。

同时，修改后的条约还宣布环境保护工作必须遵守源头控制、污染者付费、可持续发展等基本原则。从字面上看，这些原则打击了各个方面的工业企业和开发者。如果污染能转移给社会大众的话，任何一家理性的企业都不想在污染控制方面花费成本，同样，如果政府能引来阿刻罗俄斯河的河水将污染物都冲走，那么企业当然不会在源头控制污染物排放了。可持续发展原则就更具威胁了，因为没有人能够预测该原则将会产生什么法律后果。这一切还需留给法院来判断。

到了20世纪80年代晚期，阿刻罗俄斯项目必须面对布鲁塞尔对环境问题的关注以及一系列新制定的欧盟环境法。在最早制定的几部法律中，其中一部新法规定了一项机制，即当时全球流行的环境影响评价机制。既然欧共体制定了环境影响评价指令，那么希腊就不得不服从这项机制了。但欧共体还是得遵循基本的"成员国保留权力"的原则，那就是说环境影响评价程序的具体执行还是通过希腊政府和希腊司法机关。

对于塞萨利来说，获得希腊政府2/3的支持，一点都没有问题，立法机关和总统都支持它。但希腊司法机关的态度还是未知之数，因为它也经历了第二次世界大战那段黑暗的时期以及二战之后的内战和军事政变。没有人知道司法机关会怎么做。

伍

在法院里，阿刻罗俄斯项目一开始就被揍得鼻青脸肿。1994年，以希腊鸟类学会（Hellenic Ornithological Society）和世界自然基金会（World Wildlife Fund）为首的一群环保组织向法院提起了诉讼，那时阿刻罗俄斯项目的首个水库工程已经开工好久了。被告方阵容非常强大，包括政府农业部，工业、能源和科技部，国家经济和旅游部，以及环境、规划和公共事业部。环境、规划和公共事业部是该项目的牵头部门。从这些机构的名称可以看出，难以指望这些被告保护环境。在这四个被告中，有三个都和环境保护没有关系，并且它们追求的事业会因环境法规定的要求变得更加复杂。第四名被告，环境、规划和公共事业部，徒有环保的名头，实际并不关注环境保护。

第七章 | 阿刻罗俄斯河
（希腊）

  在任何国家，公共事业都关系着选民的支持，因为公共事业建设能为某些人创造财富。另一方面，规划在任何地方都不受待见，规划工作在很多地方就变成半心半意的区划工作。"环境保护"作为该部名称三个部分中的一个，虽然也被列入该部门的名称，但在实际决策时通常是被排除在外的。当你看到一篇有关环境部部长乔治·苏夫利亚斯（George Souflias）先生的报道时，你也许会感到奇怪，因为在新闻中他对阿刻罗俄斯项目是如此热情。在报道中，将"环境部部长"的头衔放在他的头上，其实是引人误导的。他首先是公共事业部部长，他将阿刻罗俄斯项目视为自己的孩子。

  法院的判决给了行政权力狠狠一击。希腊国家事务委员会（Council of State）是行政案件的最高审判机关。它首先认为环保组织具有原告主体资格，原因并不是环保组织成员的权利受到了侵害，而是他们的诉讼目的是为了环境保护。国家事务委员会宣称环境保护是一项"基本原则"，环境保护"不仅是为当代人的利益，也是为了未来世世代代人的利益"。我们再一次看到了欧博萨案的影子。

  接下来法院痛斥了阿刻罗俄斯项目的负面影响，比如对"该地区异常丰富的植物群落和动物群落"的不良影响，对人们生活、社区和交通系统的破坏，水位上升会淹没阿刻罗俄斯河口三角洲，阿刻罗俄斯河与皮尼奥斯河会遭到持续的污染，将一个完整生态系统中的水生生物迁移到另一个水生生态系统可能会带来的高风险。很明显，用行话来说，这个法院接受过"环境教育"。环境、规划和公共事业部企图通过将整个项目化整为零以掩盖其不良影响，也就是将责任都归咎于其中的一个个水坝工程或导流运河身上，但是整个项目带来的不良后果显然比其中各个组成部分之和要大得多。法院认为该项目的影响将呈动态变化状态，而不是线性变化，至于最后会造成什么后果，谁都预料不到，因此需要对整个项目进行"综合"环境影响评价。法院将球又踢给了政府部门。

我们需要在这里稍作停顿。在1990年左右，希腊是欧洲大陆西方国家中最落后的国家之一，那时的希腊才从持续了50年的动乱中恢复过来。阿刻罗俄斯项目是这个国家历史上最大的公共事业建设项目，执政党和塞萨利地区用宗教般的热情大力推动该项目，人们相信这是一次发展的好机会。就在这个项目蓄势待发时，环境诉讼这个新的现象出现了，这种新的现象正缓缓渗入希腊司法系统。长期以来，由于其教育背景，希腊的司法系统就像一支皇家卫队，将所有对抗政府的原告都排除在法庭之外。希腊的法学院教育中几乎没有任何涉及环境的内容，即使涉及环境问题，也只是作为行政法的一个很不重要的章节。希腊国内环保律师不超过4个。但是，在这样的背景下，国家事务委员会的司法判决是从何而来的呢？和历史上很多别的国家一样，答案就在一位伟大的人物身上，此人在正确的时间、正确的地点出现了。

陆

迈克尔·迪克勒瑞斯（Michael Decleris）是具有希腊传统的知识分子，在雅典和伦敦的大学都接受过教育，最终在耶鲁大学取得

第七章 | 阿刻罗俄斯河
（希腊）

了法学博士学位。他最初的兴趣是公共政策和政府运作，但之后他醉心于科学，尤其对大型生态系统的运行规律感兴趣。他后来的研究主题逐渐偏向政府管理，甚至是更加深奥的可持续发展问题。在全球环境律师队伍中，有些人醉心于科学带来的挑战，迪克勒瑞斯似乎就是其中一员。阿刻罗俄斯案被告上法庭时，迪克勒瑞斯当时正是国家事务委员会的副主席，并且他在这里已经有二十多年的工作经验了。更确切地说，他当时担任国家事务委员会第五庭负责人已有十年时间了，而国家事务委员会第五庭就是专门处理环境案件的。这并不是巧合，正是迪克勒瑞斯亲手创建了第五庭，他不仅是个学者，还是个实干家。

  正是国家事务委员会第五庭的存在，影响了阿刻罗俄斯案的判决。环境法庭这个概念对美国来说尚且陌生，但是环境法庭的好处在于建立一支专业队伍，研究环境法以及与环境保护有关的政府机构。原告根本不必费尽口舌让缺乏耐心和对未知事物持谨慎态度的法官理解环境项目的运作。支持环境保护的一方也不需要让法官们相信政府可能作出错误的行为，有时可能会重复作出错误行为，甚至故意作出错误行为，虽然政府被假定为不会作出错误行为。对于希腊环境、规划和公共事业部，不需要很多案件就可以看出该部门的立场有误，因此在存在疑问时，不应该对该部门作出有利的推定。从字里行间可以看出，法院理解环境项目以及行政部门如何处理环境项目。对于本案，法院清楚地知道争议点是环境影响评价程序，也知道行政机关将整个项目化整为零。所有这一切，都没有逃出法院的眼睛。

夺回伊甸园

在拥有了专门应对环境案子的环境法庭后,迪克勒瑞斯现在的问题是尚无多少可用的法律依据。希腊直到 1981 年才加入欧共体,直到 1986 年才制定环境保护框架性立法。由于缺乏法律依据,法院所能引用的只有宪法了,但是宪法中只提及"国家有责任保护环境",规定政府必须"采取环境保护措施"。对于公民诉讼、环境影响评价、可持续发展,法律都还没有作出规定。因此,第五庭只好自己造法。他们通过解释宪法,几年之内就创设了一个路线图,要求开展环境影响评价,要求大力保护海岸线、城市生态系统和其他环境敏感地区。他们还创造了希腊版的公民诉讼制度以实现这些环境保护要求。

这并非毫无争议。公众对国家事务委员会最严厉的批判就是法院的造法行为,但是最为大众称赞的也是这一点。迪克勒瑞斯对此持开放的态度。和其他学者的观点一样,迪克勒瑞斯也认为希腊政府并没有履行自己应尽的环境保护职责,并且这种失职实际上是有内在的制度原因的。他在法院判决中写道:法律实际上是处于瘫痪状态,即使是在国际条约已经作出规定的情形,比如对于湿地问题,尽管二十年前希腊就签订了国际公约,但是一直都没有履行国际公约。行政机关也处于瘫痪状态,"受制于一个全能的、政党政治的、长久存在的恩宠体系,这一体系不喜欢秩序,因为这个体系可以在混乱中浑水摸鱼,并进一步导致混乱"。迪克勒瑞斯并不是无政府主义者,他是一位研究权力运行的专家,并已经在这个领域出版过 6 本专著了。他还在法院判决中写道:"如今的政府将所有的时间和精力都放在发展经济和建设各种各样的项目上,对于环境

第七章 阿刻罗俄斯河
（希腊）

采取的是机会主义的态度和碎片化的方式。"他这样说的时候，也许考虑到了阿刻罗俄斯项目。最后，也许是针对塞萨利的农户们，他总结道："很多人利用规制真空制造既成事实，以便从中渔利，而政府也总是接受了既成事实。"

对迪克勒瑞斯来说，不能等到政府改革已经实现之后再保护环境，因为改革政府系统就像乌托邦一样遥不可及。自然资源的破坏还在继续，这些资源一旦消失可能无法再生。坐落在品都斯山谷之中的修道院可能就要沉入 8 英尺深的水下，永远也无法再见天日。面对同样命运的还有阿刻罗俄斯河口三角洲、海岸地带，还有许许多多的生物。司法必须填补空白。这是世界上争议最大的司法角色，饱受质疑，但是也许能够拯救阿刻罗俄斯河。

环境、规划和公共事业部的反应很经典。该部门继续开展项目建设，以打破纪录的速度作出了新的项目决定，宣称项目合乎法律规定，可以立即上马。

塞萨利地区有一个人的看法有所不同。他叫瓦西利斯·阿纳格诺斯托普洛斯（Vassilis Anagnostopoulos），是一位民选政府官员，他从始至终都支持阿刻罗俄斯项目。他认为，塞萨利的农户们都上当了，政府鼓励他们放弃粮食作物，改种棉花，是为了增加外汇收入。欧盟给予棉花种植大量补贴又进一步加剧了棉花种植。在棉花种植量最大的时候,塞萨利的水源被消耗殆尽,大量化学品被投入土壤之中,农民一年采摘三季或四季棉花。塞萨利当地并没有专门鼓励棉花种植的政策,这一切都是希腊政府的错误。对于推迟阿刻罗俄斯项目,他说:"如果政府现在还要投入 5 亿欧元做更多的项目研究,如此数量的花费几乎是希腊人民承受不起的,他们将是有史以来最失败的行政部门。"对于这个可能性,环保主义者是赞同的。

阿纳格诺斯托普洛斯找到了一位同盟者。葛莉科利亚·西乌蒂斯(Glykeria Sioutis)博士是一位律师。在过去的 13 年中,她都在阿刻罗俄斯案中担任政府的代理律师。她认为,除了早期的一些文件错误之外,阿刻罗俄斯项目大体上还是合理的。她解释说:塞萨利需要水源,而在品都斯山脉的另一边,水资源是"过剩的"。当然,她受聘代理此项目,塞萨利的农业部门也不会不愿意花律师费。另一方面,西乌蒂斯还是雅典大学的行政法和环境法专家,她在环境政策领域发表过相当多的著述。她认为,国家事务委员会之所以遭受流言蜚语,是因为他们确实"越界了"。

如果我们能够隐身躲在房间,也许我们能够偷听到迈克尔·迪克勒瑞斯与葛莉科利亚·西乌蒂斯之间的下列对话:

迪克勒瑞斯:难道你完全不同意国家事务委员会的判决吗?

西乌蒂斯:在 1994 年,我第一次作为此项目的代理律师站在法庭上,那时你们要求对这个项目进行更为全面的环境影响评价,你的观点是正确的,也是有法律依据的。

第七章 | 阿刻罗俄斯河
（希腊）

迪克勒瑞斯：实际上我们并没有法律依据，我们只有来自欧盟的框架性指令，国内却没有进一步的立法，所以我们只能通过宪法解释发掘出这个"综合性"的要求。难道这不对吗？

西乌蒂斯：如果有什么不对的话，也是很有限的，因为政府部门的专家会进一步进行项目研究，完善环境影响评价文件。你并没有质疑科学结论。但是在此之后你就越界了，虽然你认为该项目的环境影响很严峻，不可接受，但是他们的观点完全相反。在这一点上，你越界了。

迪克勒瑞斯：你是想让我们对政府专家们给出的结论，在不做研究的情况下照单全收吗？这毕竟是支持这个项目的政府部门所作的判断，难以保证结论的公正性。

西乌蒂斯：这是科学研究得出的结果，律师不是科学家。我们应该做好自己分内之事，而不应该插手自己不该管的事。

迪克勒瑞斯：但是那些人就能代表科学吗？更具权威的科学观点认为，阿刻罗俄斯项目的影响可能是毁灭性的，同时项目建设也违反了欧盟政策，包括与濒危物种栖息地和水质相关的一些重要政策。

西乌蒂斯：对于科学界有争议的地方，我们就应该听从行政部门，否则就会引起一场司法混乱。

| 夺回伊甸园

迈克尔·迪克勒瑞斯博士,希腊最高法院前法官,希腊最高法院国家事务委员会第五庭前庭长,希腊环境法的开创者。阿刻罗俄斯河项目是希腊最高法院早期审理的环境案件之一,也是最难审理的案件之一。照片由迈克尔·迪克勒瑞斯博士提供。

葛莉科利亚·西乌蒂斯博士,雅典大学公法学教授,希腊环境法学会副会长,阿刻罗俄斯河案件在希腊最高法院审理阶段的首席代理律师。照片由葛莉科利亚·西乌蒂斯博士提供。

第七章 | 阿刻罗俄斯河
（希腊）

所以接下来就只是律师们之间的争论了，而阿刻罗俄斯项目将继续向前推进，并且确实向前推进了。迈索霍拉（Mesochora）村希望自己能够幸免于沉没的厄运，他们向政府建议降低水坝建设高度，这样不仅能够同时挽救迈索霍拉村和修道院，而且也不会减少发电量。但是政府没有采纳迈索霍拉的意见，水坝高度没有降低。相反，政府花了更多的钱用以补偿该地搬迁户，有些搬迁户世代在此居住。阻挡阿刻罗俄斯项目的人所面对的不是这个项目，而是政府对于该项目的态度。政府原来觉得自己势不可挡，现在却感觉被围攻了。

就在新的环境影响评价结论刚刚公布的时候，希腊鸟类学会和它的同盟者们再次向法院提起诉讼，因为新的环评报告与此前的环评报告相差无几。1999 年，国家事务委员会第五庭要求阿刻罗俄斯项目减少规模，以保护附近的历史和文化遗迹。其实之前法院也发布过类似的命令，要求做好保护历史文化资源的保护工作，但是对如此大的建设项目发布此类命令尚属首次，这惹恼了西乌蒂斯律师。其中一个受影响的地方是一座古石桥，这座古石桥与一座教堂相连。她说，石桥已经年久失修，"注定将要倒塌"。此前没有任何人提议采取措施保护古桥，现在法院却说需要保护好古桥。这是法院失控的又一个例子。

这一次，法院明确要求停止项目建设工作，项目也确实停了下来，停了两年。在法院发布这项命令时，希腊政府对该项目的拨款已经超过两亿美元，这是一大笔钱，一大笔闲置资金。所以 2003 年，公共事业部发布了第三次环境影响评价文件，又一次开始项目建设。两年之后，法院也第三次作出了停止该项目的判决，这次叫停的原因是阿刻罗俄斯项目没有遵守欧洲水法。欧共体新制定的一项指令要求任何水坝和引水项目都不能破坏水质，并且私有部门受益者必须负担全部项目成本。虽然阿刻罗俄斯项目同时违背了以上两条原则，但是在希腊国内并没有具体的细化这两条原则的法律。正是最高法院国家事务委员会直接援引欧共体指令的行为，让西乌蒂斯感到十分不安。为了理解她的抱怨，我们需要对欧共体有所了解。

欧盟从来没有想过远程实施自己制定的指令，只是要求成员国各自执行，但这样做也带来了不少问题。一些成员国根本不会执行在欧盟通过的法律，欧盟委员会只得费尽口舌，哄着希腊这样的成员国实施欧共体指令，或者在经过长时间唠叨之后，将不执行指令的成员国告到欧盟法院。在经过几年的审判程序之后，欧盟最多也只是处以罚款，并且这种情况也极为少见。欧盟委员会起诉成员国的案子涉及很多方面，从劳工法、社会服务到商品价格，不一而足，其中只有1/4涉及环境指令。直接违反环境法的案例鲜有发生。近年来，希腊被认定违反了《野生鸟类指令》《自然栖息地指令》《水指令》《硝酸盐指令》等法律，这还只是列出与阿刻罗俄斯项目直接有关的指令。此外，欧盟关于保护山地社区经济和文化的政策，也被置若罔闻。但是，就在欧盟委员会和希腊就这些违法行为争吵不休时，阿刻罗俄斯项目已经开建了。

有一个办法可以填补空白。如果欧盟指令的要求明确、具体，没有规避的空间，这些欧盟指令就被认为具有"直接效果"，构成各成员国国内法的一部分，不需要各成员国采取行动，就可以直接在国内执行。这个原则是欧盟法院创造的产物，理由就是不能让成员国通过拖延实施指令受益。这样的学说正是迪克勒瑞斯需要的。欧盟一旦颁布新的水指令，就会直接在希腊国内发挥法律效力，包括希腊鸟类协会在内的任何人都可以请求法院强制实施。这对阿刻罗俄斯项目来说无疑是一个坏消息，除非希腊政府能找到一个逃脱的阀门。

捌

2006年年初，最高法院对阿刻罗俄斯项目作出了第三次判决，欧盟法院也对环境、规划和公共事业部的总体履约情况提出批评，随即环境、规划和公共事业部想出了一个一石二鸟的妙计。虽然欧盟的《水指令》和《自然栖息地指令》挡住了环境、规划和公共事业部的路，但是这两个指令都有一个法律漏洞，也就是两者允许成员国选择对"涉及重大公共利益"的建设项目不适用这两个指令。在发现这个出口后，部长马上向希腊议会提出请求，请求议会通过实施这两项欧盟指令的国内立法，这个国内立法早就应该制定了。部长也同时请求议会将阿刻罗俄斯项目作为"涉及重大公共利益"的项目，豁免适用这两项指令。议会真的为了塞萨利-雅典联盟完成了这两件事。这样，希腊满足了欧盟的最低限度要求。由于议会已经以立法文件宣告阿刻罗俄斯项目是"涉及重大公共利益"的项目，应当予以豁免，因此也巧妙地规避了国家事务委员会的审查。国家事务委员会可以宣告环境部的行为违法，但是议会通过的决议就是法。对于塞萨利-雅典联盟，终于看起来像是取得了胜利。

夺回伊甸园

欧盟委员会在几年之前就停止资助阿刻罗俄斯项目,如今他们的工作结束了,也就宣布与本项目再无干系,最后束手无策地退出了这场战役。他们养育的这只野兽和他们再也没有关系了。

但是环保组织并没有被吓倒,他们带着一个新的理由,再次来到欧盟委员会,他们认为希腊违反了欧盟协定所保障的环境权。他们也请求希腊最高法院国家事务委员,请求他们将这个案件提交给欧盟法院,在环保组织多次请求下,国家事务委员会照做了。尘嚣直上,欧洲三个地方都在为阿刻罗俄斯项目而争吵,一处是位于布鲁塞尔的欧盟委员会,另一处是位于卢森堡的欧盟法院,还有一处就是位于雅典的最高法院的国家事务委员会。那些认为环境法束缚了建设项目开发的人在这些地方可以尽情发挥自己的口才了。但我们要知道,在公益法领域,束缚通常是人权的唯一保障。一面是金钱利益,另一面则是程序。

而此时,在违反了几乎所有欧盟环境法原则以及希腊最高法院国家事务委员会的每一条法律原则之后,阿刻罗俄斯项目仍然像一只雄鹰,已经开始不耐烦地挥舞着它的翅膀,双爪刨地,随时准备直冲云霄。

两千多年以前的柏拉图洞察了一切。对于罗马人滥用地中海沿岸土地,他曾经写道:"这里就像一个病入膏肓的人,瘦骨嶙峋,

第七章 | 阿刻罗俄斯河
（希腊）

所有如膏脂般肥沃的土壤都被浪费掉了，剩下的只是光秃秃的骨架。"两百多年前，美国驻土耳其大使乔治·马什（George Marshall）曾途经这里，他在其代表作《人与自然》（*Man and Nature*）中指出，北非荒芜的沙地曾经是罗马人的谷仓。不论是古代阿芝特克人（Aztec）还是现代俄克拉荷马州的农场主，都曾经开垦土地，过量使用水源，导致干旱，最终将良田变成了沙漠。当他们种棉花时，就更加快了这一进程。经过几十年的棉花种植之后，美国南部的土地严重酸化，无法种植。在乌兹别克斯坦发生了同样的情况，将"亚洲果盘"变成了第二个"沙盆"。仅仅是在非常短的时间框架内，塞萨利的阿刻罗俄斯项目也许具有可行性，但这也是在借用别人的水源拖延自己的死亡时间。即使是将分析框架放在稍大一点的时空范围内，所有这一切，不管是他们种植的作物还是他们的种植方式，都注定要失败。即使没有能源价格上涨或者气候变化，也是如此。

但是这些问题是法律问题吗？我们不妨再次偷偷潜回西乌蒂斯和迪克勒瑞斯密谈的房间，来听一听他们最后的对话：

西乌蒂斯：可持续发展依赖的是政治决策，而非法律。超越自己的司法角色是错误的。

迪克勒瑞斯：但是可持续发展也是一个法律规范。

西乌蒂斯：但是当你定义可持续发展时，你事实上是在立法。

迪克勒瑞斯：非也，我只是在解释法律。

这个故事本来就快讲完了，除了赫拉克勒斯与河神阿刻罗俄斯

夺回伊甸园

故事的第二幕。在带着新娘得伊阿尼拉回家的路上，赫拉克勒斯途经奥宇埃诺斯河（Evenus River）。因为最近下了一场暴雨，河水大涨，因此赫拉克勒斯无法带着得伊阿尼拉渡河。就在他进退两难之际，人首马身的怪物涅索斯（Nessos）出现了，他说他可以将得伊阿尼拉送到河流对岸。赫拉克勒斯同意了涅索斯的提议。为了防止涅索斯盗窃财物，他先带着夫妻二人的财物过河了。就在他刚到达对岸时，他就看见涅索斯正准备将得伊阿尼拉掳走。想到刚刚打败阿刻罗俄斯不久就又遭遇挑战，他非常愤怒，他将一支毒箭射向涅索斯，给了涅索斯致命一击。涅索斯在死去之前，躺在地上，要得伊阿尼拉从他身上取一滴血，以便将来赫拉克勒斯变心的时候，可以用这滴血赢回赫拉克勒斯的爱情。得伊阿尼拉就照做了。

不久之后，赫拉克勒斯再一次离开家园走向战场，这一次他爱上了另一位美丽的公主，名叫伊俄勒（Iole）。得伊阿尼拉知道这件事情后，忽然想起涅索斯死前说过的话，她便决定要送给丈夫一份礼物，那就是一件涂有涅索斯毒血的金色长袍。当赫拉克勒斯穿上这件长袍时，那滴毒血开始发挥作用了，赫拉克勒斯的皮肤燃烧了起来，它越是挣扎，长袍就捆绑得越紧。确信妻子背叛了自己，同时也因为烈火灼烧的痛苦，赫拉克勒斯命令手下在俄塔山（Mount Oeta）用火将他献祭，他的手下照做了。

也许你能战胜自然于一时，但绝不是永远。

TRILLIUM

第八章

延龄草项目

（智利）

当我第一次从火地岛考察归来，我对大卫·赛尔说，"你买了一个很有些木材的国家公园"。

——杰瑞·富兰克林（Jerry Franklin）博士，
华盛顿大学森林生态学家，2004年

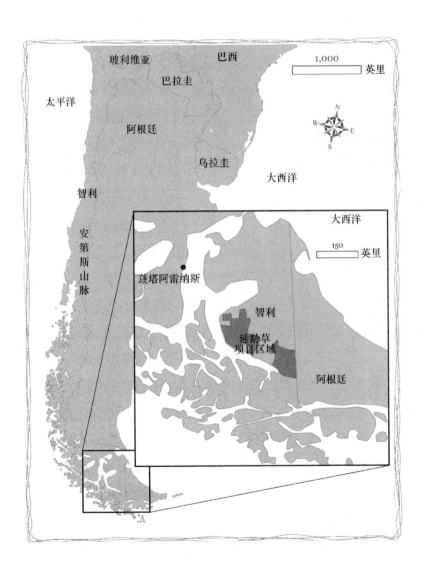

1520年的冬天,麦哲伦沿着南美洲顺流直下,寻找通往太平洋的航线,太平洋地区的名贵香料在当时非常值钱,如果能够发现这样一条航线,那将是一条通往财富的道路。那时,亨利·哈德逊和其他探险家则开始勘探北方贸易路线,克里斯托弗·哥伦布刚刚在中部航线有所发现,他一度以为自己到了中国。麦哲伦选择了往南的航线,这条航线极为凶险。

  麦哲伦船队经历了海上浮冰、破坏、叛乱以及难以捉摸的天气,海图完全不起作用,大陆连绵不断,似乎永远也绕不过去,船员们对海洋世界充满迷信,这些几乎让整个航行陷入瘫痪,所以麦哲伦只有恩威并施。船长将船开进了另一个峡谷,这时前方的海峡越来越宽,暴风迎面怒吼,在他的两侧出现了陡峭的山坡,山坡上有矮树林、岩石、冰雪。他们似乎看到了希望,不论前方是什么,洋面至少越来越开阔了。晚上,他们在左舷方向远远发现了篝火,他们认为这是人类的踪迹。虽然他们没有任何发现,但是远方岛屿上的篝火带来了希望,之后麦哲伦将这片陆地取名为火地岛。此后

夺回伊甸园

不到一年，麦哲伦就在半个地球之外的另一座小岛上，被人砍成几块。

三百年后，查尔斯·达尔文乘坐比格号（Beagle）再次来到这个被称为麦哲伦海峡的地方，开展了一些探索活动。就在离海岸线仅仅几英尺的地方，他们发现了"一座茂密的森林，这里孕育着很多植被，有蕨类植物，有因为长期被风吹着无法长高的树木，地面上覆盖着柔滑的苔藓，还有一层海绵状苔原植物"。这是一块极其富饶的土地，但是寒冷的雾气和暴风一直阻挡着人类侵袭的脚步，所以这块地方才保有如此繁茂的林木，"以至于在这片丛林中一离开指南针就会迷失方向"。达尔文在这里遇到了寥寥可数的几个本地人，由于恶劣的自然环境，他们发育得都不是很好，并且相貌非常"丑陋"，他几乎无法将这些人视为自己的同类物种，无法将他们视为"生活在同一个世界中的"的人类。这里并没有值得征服的人群，也没有黄金，所以当时欧洲人没有把这块地方放在心上。

因此火地岛的自然环境一直保持至今，它像美洲大陆脚下一只孤零零的小鱼，又像保卫大西洋门户的一只巨龙。经过火地岛的人都会加快航行速度。岛上茂密的矮化森林仍然人迹罕至，在一个全球化的时代，连雷达都没有覆盖这片区域。直到20世纪90年代，一位来自华盛顿州西雅图市的商人决定买下这片丛林用于木材资源开发，这时火地岛才变得重要起来。忽然间，顺着安第斯山脉到智利圣地亚哥，再到北美的董事会会议室，火地岛都成了热议话题。对火地岛突发的狂热当然令人惊奇，但是谁又会在意世界地图底部的那些矮化树木呢。

第八章 延龄草项目
（智利）

贰

1993年，大卫·赛尔（David Syre）买下了他从来没有见过的50万英亩不动产。那时他想买森林资源，这片森林资源正好待售。虽然这片森林距离他在西雅图的公司总部足有1万英里，但是这都不成问题。他接着派了两名林业专家到火地岛考察，最后这两名专家的结论是：这笔买卖值"一大笔钱"，这片原始森林的覆盖面积足有65万英亩，其中大多数都是硬木，当地人急需就业机会，并且这个国家完全没有环境保护意识，他们的全部心思就是引进外资。更棒的是，正准备抛售这片土地的公司的总部就在温哥华，距离西雅图不过几个小时的车程。赛尔决定驱车北上去做这笔生意。

赛尔习惯险中求胜。他的个头很高，谈吐优雅，极具个人魅力，但是他的追随者在谈到他的事业时，也会用"很有闯劲"这样的词汇来形容他。赛尔年纪很小的时候患有小儿麻痹症，但是他挺过来了，后来通过一系列投资活动，经过一路打拼，到五十出头时，他的事业达到了顶峰，拥有一家企业，业务范围从阿拉斯加一直延伸到南美洲南端。他从不动产起家，最初他在冰河公园（Glaeier Park）附近建造了一栋176个单元的公寓楼群，之后他又在自己的家乡贝林翰（Bellingham）投资建设了一座购物商场。他曾以"甩卖价"购入丹佛市中心、温哥华、凯奇坎（Ketchikan）、

夺回伊甸园

安克雷奇（Anchorage）的大块地皮。他开办了一家名叫可达塔（Cordata）的商业园以及附近名叫西米阿哈姆（Semiahamoo）的度假胜地，其实他对这座公园的原始状态并未进行任何改造。

大卫·赛尔，西雅图地产开发商、企业家。他在火地岛的延龄草项目旨在展示可持续林业，但是遇到了越来越难的环境问题，最终资金链断裂。照片由凯思琳·卡尔夫（Kathleen Culver）提供。

同时，赛尔也追求多元化。他收购了一家太阳镜制造企业，之后又收购了一家自行车头盔制造企业。他也想着建设一座示范农场和一座农业主题公园，名叫蜀葵农场（Hollyhock Farm）。接着他开始购买森林资源，先是博伊西小瀑布（Boise Cascade）附近的一小簇树林，然后是普吉特海湾惠德贝岛（Whidbey Island）上的森林。这是他犯的第一个错误。他开始采用皆伐的方式开发这些森林资源，把树木砍光了。更糟糕的是，他犯了木材商的致命错误，他把树木砍光的地方正好是人们能够看到的地方，被砍光树木的土地就像被火焰弹烧过一样糟糕。情况太糟糕了，以至于州政府土地管理长官曾致函猛烈斥责他，原因并不是他采用皆伐的方法把树砍光

第八章 | 延龄草项目
（智利）

了,而是让这些情景都展现在公众的眼中。赛尔影响了伐木行业的形象。

这样的项目也引起了公众争议。他的购物商场项目就曾引起当地居民暴风似的抗议,因为他们更倾向于老式购物店以及更少的交通。与此同时,他的蜀葵农场也遭到当地居民的阻挠,一些气急败坏的居民往他的公司大厅里倾倒锯木屑,他们甚至组织过一次"集体呕吐"的抗议活动,他在街上还被人吐过口水。照片记录着他的伐木活动,被人指责为"野蛮""破坏"。这个污名将产生持续影响,波及他的一个名叫火地岛里约秃鹰（Río Cóndor）的大项目。

赛尔选择在智利南端进行他的投资活动并非偶然。他希望加大对木材产业的投资,但他面对的前景也许是残酷的。除了他自己之前的项目产生的消极影响之外,到了20世纪90年代末,靠近太平洋的北美西北角地区有关森林资源的开发与保护问题一直争论不休。砍伐留下了光秃秃的山坡,水土流失堵塞了鲑鱼洄游的小溪,一直堵到身处内陆的爱达荷州。沿海地区的森林资源几近枯竭,许多生长于深部丛林的树种,像斑点枭和斑海雀一样,成了濒危物种。对一个有远见的伐木商人来说,最好的伐木时代已经过去,美国林务局曾低于成本价销售木材,导致了持续几十年的乱砍滥伐。

赛尔曾考虑在加拿大开发木材产业,但是加拿大的木材资源大部分掌握在政府手中,投资风险似乎很大。他又将目光转向新西兰,但是已经有几家公司先发制人率先占领了这里的资源。他也曾计划购买俄罗斯储量巨大的森林,但是他的业务联系人却被暗杀了,尸首被人塞进了汽车后备箱,因此,俄罗斯的购买计划也失败了。相比之下，智利就简单多了。智利木材资源丰富，智利军政府刚刚开始让出实权，除此之外再没有他人具有什么影响力。火地岛森林中，数量最多的就是莲茄树（lenga），这种树木质很硬，树髓呈红色，越往外颜色越浅，靠近树皮部分呈白色，这种树木非常适合用来打造高档家具或者用于室内木艺。

说干就干。赛尔内心是支持环保的，他还有一个雄心勃勃的绿色项目计划。在他招募的人中，很多也是支持环保的。他们准备向人们展示一个世界上最大的可持续发展林业项目。赛尔只计划砍伐莲茄树这一种树木，保留其他树种，并且将砍伐数量控制在可再生范围内，这样就有了永久的木材来源和收入来源。他们还会用间伐、建造苗圃养育幼苗等方法，促进这里的林木不断更新。他们还会为树木修剪枝干，减少树疖的发生，这样也会让木材的市场价值更高、更好卖。引用他的智利业务经理的说法：火地岛那些未经砍伐的树木都"过于成熟"了。这些树木都太老了，已经停止生长了，把它们砍掉也许更好。世界上所有林业经理都可能这样说。赛尔认为自己的团队是火地岛森林的拯救者：

> 我们是经过深思熟虑的，我们将会改善本地居民和飞禽走兽赖以生存的自然环境。这些树木已经树龄太大了，需要砍伐，就像人类生老病死一样，有死亡也有出生，这样才能实现平衡。树龄结构和生长水平的多样性，会提高生境的多样性。这里将会容纳更多物种，各种各样的生命都会在这片土地上繁衍生息。

赛尔和他的公司不仅是要在火地岛新建一个港口，还要建设锯

第八章 延龄草项目（智利）

木厂、木材干燥厂、发电厂、飞机场，甚至还要修建总长1200英里的森林公路。他们是在改善火地岛的自然环境。

但是赛尔的方案存在两个问题。第一个问题是，虽然赛尔有很多技术人员可用，但是没有任何人了解火地岛上的莲茹树，更不知道如何让这种树林更新，就连智利政府中的工作人员都不懂。第二个问题是政治上的。赛尔的团队正在踏入一个完全不同的国度，相比他们自己的国家，这个国家的政治局势要动荡得多，即使他们公司里的智利问题专家和智利政府中的专家都无法理解，智利的政局为何如此动荡。

在20世纪90年代，对美国投资者来说，乍看之下，智利也许是他们最好的投资方向，这不是没有原因的。智利在过去的17年中一直由皮诺切特将军（General Augusto Pinochet）一手掌控，他是一位独裁者，倾向于发展自由经济。有些人会说，军人执政但是发展市场经济，这难道不好吗？虽然皮诺切特将军是从一位民主选举的总统萨尔瓦多·阿连德（Salvador Allende）手中夺权的，那是一场政变，但是皮诺切特将军是在美国政府的大力支持下才获得智利的控制权的，美国政府在这场政变中确实有一腿。当大卫·赛尔来投资的时候，这场政变已经是很遥远的记忆了，如果还有人记得的话。智利的作家们也曾描述过智利首都圣地亚哥的长期集体性失

213

忆,人们对皮诺切特将军的独裁讳莫如深、视而不见,只是利用这个机会努力赚钱。赛尔的做法跟别人是一样的,人们不能因此责备他。

智利的利润主要来自出售自然资源。智利的版图狭长,南北大约有3000英里长,但是最宽处不到300英里,它的形状好似一把直插南极洲心脏的匕首(这是亨利·基辛格戏谑的比喻)。智利的主要资源是北部的矿产和南部的森林。智利也曾短暂地兴起一阵硝酸盐开发热,他们通过开发岛屿上的鸟粪石制造硝酸盐,直到鸟粪石被耗尽。铜也曾一度成为智利的主要出口物资。现在树木又为智利带来了新的发展契机。世界上绝大多数木材来自地球北部,那里有大片的商业林,高矮粗细一致,树种单一,数量庞大。随着第二次世界大战的结束,全球兴起了一阵房屋建造热,木材供不应求,供应商开始将眼光投向赤道以南的地区,但是结果是令人失望的。他们当然找到了大片的森林,但是森林中的树木多种多样,很难投放市场。他们的回应是,将这些品种不一的树木全都砍光,然后统一种植速生北方树种,比如软松。因此南美洲开始大肆种植松树,智利最甚。不久之后,南美洲的原始森林都被桉树和松树这两种外来树种占领了。

那时皮诺切特政府的眼里只有金钱,政府将大片的森林以低廉的价格卖给国外的企业,放开对外国投资者的限制,免除他们50年的纳税义务,主动承担松树种植的3/4的成本,并且取消了生木出口的禁令。大多数木材都被切割成碎片,送到国外用于造纸,一时间这个产业在智利国内兴盛起来,很快就在智利海岸上形成了堆

第八章 延龄草项目
（智利）

积如山的木条，等待装船运往国外。生木逐渐成为智利第二大出口物资，根据政府林业部的说法，这就是"新型铜矿"。这看起来似乎不太合情理，智利政府表面上支持不受政府干预的自由经济，但是政府财政部门的官员却是一批信奉芝加哥学派的货币主义经济学家，他们为外资提供丰厚的经济补贴，以便疯狂地将自然资源卖往国外。如此大量地提供补贴所造成的一个困难就是，这些补贴使得市场难以淘汰那些盈利能力弱的企业，这一点在火地岛森林交易中可以看到。

1993 年，大卫·赛尔又一次在合适的地点、合适的时间做成了一笔交易。他为自己的里约秃鹰项目购买了一大片森林，单价从每英亩 5 美元到 50 美元不等，但是周边的土地市价都是他的 10 倍以上。他之所以能得到如此优惠的价格，是因为前手卖家从政府那里得到的价格更低，大约是 1.5 美元每英亩的价格。1995 年，一家名叫马格拉尼卡实业公司（Magallanica Industrial）的企业计划将 25 万英亩的森林都切成木条，然后卖到日本。这家公司就要成功了，如果它能稍稍留意一下环境影响并及时给它的员工发放工资的话。但是智利林业部由于人员过度膨胀、经费严重不足，在两年多的时间里，对马格拉尼卡作出了 14 次罚款处罚，理由是这家企业违反了林业管理计划，尽管智利的林业管理计划很松。马格拉尼卡因此完全停止发放工人工资。当这家企业停止生产，退出蓬塔阿雷纳斯（Punta Arenas）时，他们留下了堆积如山的木条，最后这些木条造成一场"大型且持久的火灾"。之后，马格拉尼卡公司将这片森林卖给一家名叫塞特克-塞尔（Cetec-Sel）的加拿大公司，这家公司也想把树砍光卖木条。当塞特克-塞尔遇到资金问题和行政许可迟延问题时，大卫·赛尔正准备从西雅图驱车北上，接手这片树林。

赛尔和之前两家企业有所不同，他认为将这么好的木材加工成木条和纸浆是一种浪费，是一种野蛮行径，"完全是暴殄天物"。他支付了3000万美元的首期款，接着开始募集余下的资金。其实赛尔是能够全额承担这笔投资的。后来，一位智利的经济学家曾经估算，赛尔每投资1美元，智利政府会补贴给他2美元。赛尔在西雅图的公司名叫延龄草公司（Trillium Ltd.）。虽然赛尔将这个项目命名为里约秃鹰项目，但是人们总是将这个项目称为延龄草项目，因为延龄草公司是这个项目的大股东。到整个项目以失败告终时，赛尔的费用增加了3倍，但是最后他一棵树都没有卖出去。

肆

智利虽然表面上一片平静，但是这个国家内部实则经历着一场转型。和很多拉丁美洲国家一样，转型是生活的常态。在不到二百年的时间里，智利经历了4次内战和10次军事政变。这些巨变揭示了寡头政治和广大民众之间的不断斗争，当然这种斗争在南美大陆是家常便饭。在智利，尽管大地主、大主教和大将军的数量不多，但是他们控制着银行、教堂和重型武器，就连政府选举也是在这些武器的"保护"下顺利进行的。如果一位平民总统企图打破这种模式，如同1924年、1970年发生在智利的事情，那么智利的军

第八章 延龄草项目
（智利）

事力量就会在天主教和财团巨头的支持下，再次夺回权力。这种情况就曾发生在智利总统阿连德身上，空军轰炸了他的办公室，军事势力则宣称他是自杀而亡。此外，社会服务方面的根源性问题以及资源分配问题，一直都还没有解决。即便是今天，在经历了智利自称为"经济奇迹"的长达三十年经济繁荣之后，智利仍然是世界上财富分配最为不均的国家之一。同时，智利的军费开支高居南美第二，仅次于巴西，但是巴西的国土面积是智利的 5 倍。智利的国徽上就写着"公理和武力"。

在皮诺切特军事政变之后的 17 年中，统治智利的恐怕是武力居多，这带来了经济的发展，但是民主一直被雪藏着。虽然政府早就禁止大规模屠杀和秘密行刺，但是公民失踪的现象还在继续，有的人走着走着就消失了，政府不做任何解释。工会活动受到严格控制，社会组织完全是非政治性的。最后在强大的国际压力下，皮诺切特将军同意进行全国大选，结果他落选了，于 1989 年失去了权力，新总统接任。智利自此开始缓慢转型。虽然皮诺切特落选了，但他还是智利参议院的终身议员，并且他之前的下属还牢牢把控着智利的军事力量，而皮诺切特就是从军营起家的。皮诺切特仍然是政治生活的一部分，而且仍然有可能重新掌权。

但是当延龄草公司来到智利时，民主正处于不稳定的解冻状态。反对声音和自由言论开始出现，与此同时出现了一种全新的现象，那就是环保主义。虽然这些迹象不会出现在新闻头条，也很容易被大众忽略，但是长期受到压抑的民间组织，为数不多的几个议员，甚至法院，都为环保主义者们试水环保活动提供了途径，环保主义者们跃跃欲试了。即便赛尔洞察到智利国内的这种变化，他可能也不担心这会对里约秃鹰项目造成什么影响，因为智利政府似乎已经把环境问题牢牢把握在自己手中了。

　　智利对环境问题的回应确实是十分谨慎小心的。它信仰自由经济，也相信自己创造的经济奇迹，终于开始向民主迈进，并且不允许任何人把船弄翻。在面对日益高涨的环保呼声时，皮诺切特政府组建了一个委员会，要求他们设计一个环境影响审查制度，但这都是政府的敷衍。几年过去了，这样的制度一直没有出现。终于在1993年，智利过渡总统埃尔文（Aylvin）发布了一项行政命令，要求所有的公共事业建设项目都必须经过环境影响评价。但是对于私有的建设项目，比如延龄草公司的秃鹰项目，环境影响评价则仅仅是选择性的，而不是必需的。

　　在接下来的一年中，立法机关将这种环境影响评价审查程序交到了一位新独裁者手中，那就是智利国家环境委员会（CONAMA）。从某种程度上说，这个委员会权力很大，可以基于环境原因，直接否决任何建设项目。但是深入考察后我们就会发现，它拥有的不过是一种建议权，它只能向部长委员会提出建议，而正是这些部门在提议、推进这些需要做环评的项目。更进一步说，国家环境委员会并不是一个独立的机构，它需要向内政部长报告工作。内政部长在智利的地位就像白宫在美国的地位一样。内政部长又会对智利国家环境委员会施展政治压力。这样的压力会导致环境审查权力的瘫痪，而实际情况正是如此。智利国家环境委员会的第一项法定义务就是为环境影响评价程序制定规章，但是多年过去，它什么也没有做。就在环境影响评价实际上处于真空状态时,智利迎来了延龄草公司的里约秃鹰项目。当时对于环境影响评价,唯一需要的就是总统埃尔文的首肯,并且由于延龄草项目是私有的,因此连这个程序都根本不必适用。

赛尔主动提出进行环境影响评价。对此人们褒贬不一,有的人认为这是他最大的善举,也有人认为这是他的致命错误。之后他的莲茄树林引来了很多麻烦。

伍

赛尔在那时自愿接受环境影响评价,表面上看似乎没有任何风险,而且还能表达他对智利政府的诚意。可持续发展当时已经成为美国林业发展的座右铭,毕竟,树木就是树木,砍掉了还可以再长起来,火地岛的树木也不例外。而且,根据项目经理的说法,这个项目更简单,因为火地岛上几乎就只有一种树木。为了维持这里的生态系统,只需要不断栽种这种树木就行了。用延龄草公司土地管理师的话来说:"自然形成的单一树种森林使我们的工作变得更加简单。就像在田里种小麦一样。"这能有多难呢?

基于这种理解,赛尔的团队开始制定一个莲茄树林可持续管理模型。他不打算像他的前手那样把树砍光,当然他以前在美国也是采用把树砍光的做法。相反,他会选择性地砍伐一些树木,保留一些成年的树木以庇护新的幼苗。他称自己的方案为"庇护式砍伐",

也就是渐伐。赛尔想借助这个名字传达舒适和保护的意思。他还画了草图，生动地展示了火地岛森林的变化过程，首先是原始状态，经过他们的渐伐后，稀疏的老树周围长着小树，成年树木会庇护着小树愉快地生长，就像游乐场上的大人和孩子们一样，一派欣欣向荣的景象。赛尔对他们的专家和模型都很有信心，他还聘请了有名的穆尔咨询公司（Dames and Moore）来为他们完成环境影响报告。对于这个项目，他没有什么好掩饰的。相反，他希望向世界展示他的方案。

但是火地岛是一块与众不同的土地，跟赛尔以及他的专家们曾经接触过的案例都不一样。没有人曾在这样恶劣和充满不确定的环境中开发过可持续发展林业项目，这里的环境对所有生物来说都是极其恶劣的，包括对那些树木来说。不仅仅是气候问题，这里常年低温，三季酷寒，暴风雨是家常便饭，随时可以将过往船只灭掉，更不用说岛上的孤零零的树木了。火地岛上基本都是岩石，岩石表面的土层很薄，大约是 1 到 2 英寸厚，正是靠着延龄草项目要砍伐的树木的根系，这层薄薄的土壤才得以固定。一位智利的科学家说，火地岛上只有"年幼的土壤"。他还说，"在这种土地上能长出如此规模的森林，确实是一个奇迹。"另外，森林中大部分营养物质都在树木体内，而非在土壤之中，因此如果这里的树木变得稀疏（延龄草公司打算在第一轮砍掉 60% 的树木），那么维持新的树木生长的营养物质也将不复存在。这里的养分循环实际上是"很慢，很慢"的。更糟糕的是，树林一旦变得稀疏，那么它们将难以抵抗风雨，这里的土壤也会被侵蚀，用不了多久，土地上就只剩下

第八章 | 延龄草项目
（智利）

岩石了。这里的植被密度是很高的，它们相互依靠，枝干会在空中交结，以此抵抗火地岛上的狂风暴雨。对某些科学家来说，庇护式的砍伐也会带来很大的风险。

并不仅仅是这些科学家们这样想。虽然当地人民一开始是支持里约秃鹰项目的，尽管这种支持也是有保留的，但是不久之后他们的态度就发生了变化。首先，马格拉尼卡公司以及其他公司此前都把当地人坑了。外国公司刚来的时候都说得天花乱坠，把树砍光之后，却又不兑现承诺，最后只留下一大堆燃烧的废弃物。波维尼尔城（Porvenir）的一位社会活动家曾代表大众发声："在一开始，我确实充满期待……因为它们带来的项目确实很棒"，包括兴建学校，创建木材加工厂，还会建造一个全新的深水港。他们宣称伐木计划是相当温和的，会配合种植新的幼苗，因此，当时公众的期望是很高的。

但是接下来发生的事情就不尽如人意了。深水港项目泡汤了，因为他们认为没有必要新建港口。之后，他们又放弃了建设锯木厂的计划，因为他们可以收购北方现有的锯木厂。发展到这里，当地居民似乎嗅到了欺骗的味道，流言四起。人们都在说他们声称温和的伐木计划也是骗人的。几百年树龄的大树都会被砍掉，只留下一些小树，森林中每年都会新建40英里的森林公路，最后森林公路的总长度将达到上千英里。一位社区官员在这之前对建设项目是充满热情的，但现在她说："之前对这些项目的热情瞬间就熄灭了，现在我们开始发现这些项目并不像承诺的那么好。"当我们听到"项目要进一步分析"时，我们就知道"苦战将要开始了"。

当地居民也不是孤军奋战。皮诺切特政府的长期统治结束之后，环保组织渐渐展开翅膀，等待飞天的一刻。近二十年来，毫无节制的采矿、有毒的铜冶炼厂和森林贱卖，让智利深受其害。对于环保组织来说，火地岛项目是这一连串祸害中最近的一个。火地岛的生态系统是独一无二的，是无价之宝，也是不可替代的，是位于世界底部的"一片寒林"，然而这片森林马上就要落入外国企业的手中，而智利政府只看到自己的短期利益，甚至这些短期利益也大部分都将被带到海外，而遗留的苦果却由智利人民承担。这些环保人士联系了为数不多的持怀疑态度的科学家以及一些愿意发声的当地居民，他们逐渐形成了一条统一战线，开始抗争行动。

陆

1995 年，赛尔团队向智利政府呈递了他们的环境影响评价报告，到此时，一切似乎都进行得相当顺利。经过审查之后，智利国家环境委员会的地区办公室审查通过了里约秃鹰项目。在作出审批的时候，国家环境委员会地区办公室的理解是，延龄草项目将事后制备一份可持续管理计划，并且承诺仅仅对莲茄树林进行选择性的采伐。除此之外，公司提出将划出他们所买土地的 1/4 用来建设一个生物保护区，并为将来的管理决策提供参照点，当然这 1/4 土地的大部分是没有树木的。这些条件对延龄草项目来说都是合情合理、可以接受的，毕竟他们从未想过要砍光这里的树。

第八章 | 延龄草项目
（智利）

但是环境委员会的技术委员会发现了一些问题，有一些迥异的观点。这个技术委员会由来自智利国内不同组织的科学家组成，他们出具了一份报告，这份报告前 6 页阐述了这个项目对环境的"积极影响"，而后面 18 页都是对这个项目的批判。赛尔团队提交的环境影响评价报告没有详细的火地岛森林资源储量清单，而资源储量清单是开展评估、制订计划的基础。同时也没有与本地树木生长速度、存活比例、代谢循环有关的数据，环境影响评价报告所使用的数据都来自其他地方，并且这些地方的环境状况与火地岛差别很大，不具有可比性和参考性。有关采伐影响的数据也站不住脚，因为采伐机器一旦开动，是很难做到"选择性采伐的"，毕竟这是企业的所有收益的来源。基于以上几点，技术委员会建议否定这个项目，但是智利国家环境委员会地区办公室并没有采纳专家的意见，还是批准了这个项目。

接着发生了两件事情。一是，智利国家环境委员会批准了该项目，条件是该项目需要遵守将来会进一步细化的监管条件。这些都在意料之内，是规定动作。二是，环保主义者走上法庭，起诉要求撤销行政许可。他们首先起诉了国家环境委员会地区办公室的行政许可行为，然后又对国家环境委员会的行政许可提起了诉讼。这在意料之外，是一个全新的现象。

这两项诉讼的核心诉讼理由是：智利政府基于似乎是无法强制执行，也无法实现的条件，出卖了国家宝贵的资源。这些诉讼请求的困难之处在于，行政部门每天都可能基于政治考虑作出并不科学的决策，法律并不要求国家环境委员会及其地方办公室具有很高的

| 夺回伊甸园

科学水平,甚至不要求他们具有环境理念。事实上,这些机构的成立方式就表明了它们首先考虑政治问题。因此,正如人们所料,下级法院将两个案件都驳回了。但是环保主义者们并没有放弃,他们在来自智利议会"绿色阵营"的两名议员的带领下,向智利最高法院宪法法庭提出了上诉。宪法法庭将这两个案子合并审理,这是环保主义者们的最后一搏了。

费尔南多·杜尼亚克及其孙子,杜尼亚克是延龄草项目案原告的主要代理律师,照片由杜尼亚克本人提供。

他们在合适的历史时机敲响了战鼓,这也是赛尔商业生涯中极少数的倒霉时刻之一。环保主义的发展是由软到硬,由科学到法律。发生在美国的暴风王山案和其他的环境诉讼都有相应的制定法依据,但是在很多其他国家,环境诉讼直接援引宪法条款,存在很大的不确定性。

回到 1972 年,在蕾切尔·卡森(Rachael Carson)和雅克·库斯托(Jaques Cousteau)向世人揭示了环境恶化的严重形势之后,

第八章 | 延龄草项目
(智利)

各国领导人齐聚斯德哥尔摩，为环境保护这一新的世界话题召开全球峰会。就像很多此类峰会一样，会议代表并没有预期达成实质意义上的协定，但是似乎需要摆明自己的态度。库斯托退出法国代表团，准备发挥更激进的作用。他带领了一群社会活动家，举办了自己的"峰会"，他们和官方的峰会一样，也有自己的议题安排，但是他们安排的议题总是会比官方相同的议题讨论要早一天。他们很快就获得了媒体的关注，他们的决议后来事实上成了官方峰会必须回应的议题。他们的一个更加戏剧化的决议是，宣布公民享有健康环境权。谁能否认这种权利呢？但是谁又知道这个权利背后的含义呢？因此，斯德哥尔摩会议发表了官方宣言：各国必须在宪法中规定公民享有清洁环境的权利。大多数与会代表在回国后也确实这么做了，但除此之外，就什么都没有了。在峰会通过的所有决议中，这一条看起来是最无害的。

在环境权进入宪法之后，宪法环境权的概念沉寂了好多年。在拉丁美洲，要不是因为另一项宪法权利的话，这种情况也许会一直保持下去。这项宪法权利实际上是程序性权利，但是这个程序性权利推动了宪法环境权。这项程序性权利与人身保护令状（habeas corpus）很相似，有的将其称为保护诉讼（Amparo，安朴尔），有的将其称作监护（tutela）诉讼。传说某天一名西班牙法官在自己的阳台上吃晚餐，一队士兵在大街上追赶、殴打一个犯人。这名犯人大呼"谁来保护我？！"（Amparo）。法官听到呼喊后，立即命令士兵停止殴打，随即举行庭审，最后这名犯人获得了自由。不论真正的版本是怎样的，在西班牙和拉丁美洲的法律体系中，长期以来的司法实践都允许基于宪法权利的特别诉讼。在这些案例中，原告可以直接向法院提起诉讼，快速进入实体审理阶段，绕过民事诉讼的迷宫和迟延。要不是积极进取的律师们在宪法中挖掘出几乎被人遗忘的环境权，并要求法院直接审理他们的清洁环境权所遭受的损害，以上讨论就都是学理性的了。不论这项权利的真正含义是什么，延龄草项目案都将会成为智利环境权的第一次司法实践。

智利最高法院认为环境权意义重大。最后判决时，法官们的投票结果是3∶2，正反意见大致相当，但是他们的推理过程和结论都非常精彩。智利法律为公民抵制政府非法、武断的行为提供了救济途径，也就是前面提到的"保护诉讼"。智利国家环境委员会的行政行为似乎并不构成非法行为，因为它拥有作出该行政行为的法定权力。但是在一个经验老到的法官眼中，这种行政许可行为类似于充满悖论的"第二十二条军规"。根据智利法律，国家环境委员会及其地方办公室在审查环境影响评价报告时，应当依据国家环境委员会制定的规章进行审查，但是国家环境委员会尚未制定任何相关规章，也就不可能存在根据这些规章所进行的审查程序，因此已经进行的环境影响评价审查就是非法的。虽然延龄草项目的环境影响评价报告是自愿提交的，自愿接受审查的，并且符合埃尔文总统的行政命令，但也不能豁免，仍摆脱不了现在的困境。如果智利最高

第八章 延龄草项目（智利）

法院是正确的，在智利，没有任何影响环境的行为是合法的，因为国家环境委员会尚未制定任何规章。延龄草项目想努力配合，结果却跳进了陷阱里。

最高法院面对的另一个难题是，国家环境委员会的行政许可是不是"武断"的。针对这一点，法官之间是存在分歧的。大多数法官认为，技术委员会的看法是正确的。委员会的专家们分别来自林业、渔业、畜牧业和农业、水利、公共卫生等各个政府部门，他们的反对意见很重要，应被重视，但是政府却轻易断言项目中存在的问题将来可以得到解决，法院认为这是不能让人满意的，特别是考虑到技术委员会还建议国家环境委员会拒绝批准该项目。多数法官还认为，智利宪法规定了环境保护权，要求"保持自然资源的原始状态"，将"人类对自然资源的侵扰保持在最低限度"。最高法院在此要求的不仅仅是环境影响评价程序，而是要求环境保护实效，而且最高法院要求国家环境委员会必须"高度谨慎地"取得该环境保护实效。面对如此多的反对意见，国家环境委员会的行政许可最后没有通过司法审查。

延龄草项目的抗辩意见集中在原告主体是否适格上。那些居住在火地岛的原告并没有遭受任何特别损害。至于那些提起诉讼的环保人士，他们居住在千里之外的圣地亚哥，绝大多数甚至从来没有去过火地岛，他们有什么资格提起诉讼呢？最高法院法官中的反对意见主要是，这些原告的利益是"弥散性"利益，每个社会成员都遭受了相同的损害，是生活在现代社会必须面临的一个问题，不具有诉讼主体资格，即使环境利益也不应例外。但是，多数派法官们

夺回伊甸园

认为，每个公民都享有宪法规定的清洁环境权，所以每个人都可以维护自己的权利，不仅是火地岛上的居民，远在千里之外的圣地亚哥居民也有权起诉。不仅是延龄草项目遇到了麻烦，在此之后，不管国家环境委员会审批的项目在哪个地方，任何公民都可以环境为由提起诉讼。最高法院的判决引爆了一颗炸弹。

捌

最高法院的判决产生了很多影响。第一个重要影响就是鞭策国家环境委员会制定环境影响评价规章，这个规章的制定工作已经有七年没有动静了。最高法院的判决也改变了人们行为方式的默认值。在最高法院判决之前，政府和企业可以在没有进行环境影响评价的情况下推进他们的建设项目，因为环境影响评价要求可能带来很多麻烦，包括环保主义者的质疑。在法院判决之后，政府和企业要求必须颁布环境影响评价规章，因为只有这样他们的项目才能得以继续。这样的结果是非常神奇的。

第二，最高法院的判决也同样促使赛尔组织新一轮的抗辩。他组建了一支由美国林学家组成的梦之队，包括对西北部地区采伐活动提出批评意见的林业专家。他聘用了贝林翰（Bellingham）商场纠纷中的对方代理律师，请他们监督本项目。他从梅溪木材公司（Plum Creek Timber Company）挖了一位专家，这位专家有丰富的林业管理经验，赛尔请他处理公共关系。除此之外，他获得了生物多

第八章 | 延龄草项目
（智利）

样性、生态系统管理等领域的支持，这些科学家都著述甚丰，久负盛名。他还赢得了一些知名的国际环保组织的支持，包括美国自然保育协会（The Nature Conservancy），这个组织支持可持续的林业管理模式，反对皆伐的森林开发模式。甚至以顽固闻名的绿色和平组织，虽然最初对里约秃鹰计划保持警惕，现在也更多的是有条件支持，而不是无条件反对。即使在那时，赛尔还是非常自信，重新制作并提交了环境影响评价报告。他坚持要把里约秃鹰项目打造成全球可持续发展林业管理的典范。

第三，法院判决还给智利的环保主义者打了一针肾上腺素，这一针足以让他们活跃好几年了。他们确实需要司法的支持，因为这一次诉讼不过是个暂时的胜利，前面的路还很长，也很艰难。他们在智利这样一个如此分裂、易生内乱的国家做出了一件史无前例的事情，开启了一个环保新时代。他们同意暂不互相竞争媒体资源和资金资源，以便组建一个全国性的环保组织网络，这个网络将涵盖150个组织、科学家、地方活动家、生态旅游向导，以及美国、加拿大、阿根廷、澳大利亚、俄罗斯的伙伴组织。到了这个时候，这群环保主义者想要的不是一个更好的项目，而是直接灭掉这个项目。实际上，他们有一个更高的目标，那就是为这些高寒森林建立保护区，这个保护区以火地岛为起点，并逐渐扩展至全球。他们甚至给这个计划起了一个名字——冈瓦那大陆（Gondwanaland）计划，听起来像是《魔戒》中的地名。

几个月之后，延龄草项目卷土重来，他们修改了项目计划，并提交了新的环境影响评价报告。在一年前的法院判决和舆论的鞭策下，国家环境委员会这一次终于开始认真地工作了。它组织了一流团队来审查延龄草项目提交的环境影响评价报告。他们最终还是会批准这个项目的，这是预先注定的，因为国家环境委员会毕竟是政府的组成部分，会有政治考虑。他们虽然会通过这个项目，但也是有条件的，并且这些条件都非常严苛。审查团队提出了一百多项条件，国家环境委员会也批准将这些条件适用于延龄草项目。比如严格限制延龄草项目的年采伐量；要求在第二轮采伐之前，必须完成林木重植的标准；延龄草项目还必须事先缴纳一笔保证金，保证自己能履行以上所有责任。这个保证金要求是国家环境委员会的一项创新之举，但是也像一根刺一样，狠狠扎进延龄草项目的喉咙里，使它再也无法忍受了。最终，延龄草项目以国家环境委员会越权为由，向法院提起诉讼。但是这次诉讼也影响了赛尔的公众形象。人们会问，既然他一直坚持可持续发展的林业开发项目，他为什么不肯支付这笔保证金呢？

与此同时，环保主义者们也向智利最高法院提起了诉讼，他们还是认为国家环境委员会不应该批准里约秃鹰项目。但这一次他们失败了，5位大法官全票支持国家环境委员会。这一次，国家环境委员会算是一丝不苟地完成了自己的工作，最高法院不愿再次反驳国家环境委员会的决定。但是在第一次判决和第二次判决之间，反对里约秃鹰项目的环保主义者经历了宝贵的胜利，也极大地增加了赛尔的成本。然而赛尔还将面对新的问题，包括信息问题、媒体问题、资金问题等。也许最后这个项目并不能获得多少盈利。

第八章 | 延龄草项目
（智利）

玖

虽然项目最终得到绿灯放行，但是赛尔需要开始面对经济难题。他的项目越是显得环保，就越是显得难以盈利。他答应保留的土地现在包含了一些重要的莲茹树林，而且这些保留地上树木都是不能砍伐的。对智利的环保主义者来说，赛尔提出的保留数目还远远不够。一位环保人士说："我们已经看见一个庞大的工业计划，都要用到这里的树木，各种各样的电锯、锯木厂，还有很多工厂。但是当你看见那些森林时……绝不允许将这些树木都送到木材加工厂去。"一位智利大学的林学教授认为，延龄草项目每年最多可以砍伐 1000 公顷森林，但是延龄草公司希望每年砍伐 3000 公顷。还有人担心延龄草公司在获得行政许可后，会将项目转卖给别的木材公司。"他们可以瞬间消失，比如宣告破产或者别的什么。"此前马格拉尼卡和塞特克-塞尔公司就是这么干的。

延龄草公司反驳说，它的苗圃和管理措施能够提高生长速度，但是在公司内部，他们知道存在问题，知道这个方法有可能无法凑效。延龄草公司的首席林务官承认："我们可能只能让 25% 的林地保持可持续发展的最佳状态"，这个比例比最初的目标低多了。但是即使要实现这个比例，也需要采用分组采伐的方式，而不是原来的庇护式采伐。分组式采伐，是指砍光局部地块上所有的树木。可以想见外界听到这样的方案会怎么想。即便旧的方案已经被否定了，这也不能成为新的采伐模式。

在第二次法院判决下达之后的几个月里，延龄草公司宣布进行第一轮的莲茄树林采伐，他们已经开始铺设道路，电锯正在充电，准备开工。就在这时，智利林业委员会要求延龄草公司遵守国家环境委员会设置的限制条件，但是当延龄草公司提交了经过修改的采伐方案和7万元费用后，他们被拒绝了，林业委员会认为这仍然不够。1998年秋天，延龄草公司突然宣布暂且搁置里约秃鹰项目，并解雇了这个项目的几乎所有员工，只留下三名智利雇员。接着，延龄草公司将开发重点转向阿根廷境内的巴塔哥尼亚莲茄树项目（Lenga Patagonia）。延龄草公司的林业运营部经理表示："现在智利只能把我们请回去，当然如果他们不给我们一个满意的评估，再放弃所有限制条件的话，我们是不可能回去的。"延龄草公司领导层的态度还是很强硬的。

另一方面，环保人士的反对声音更加强烈了。在地方上，甚至在整个智利境内，对里约秃鹰项目的批评都越来越多，他们的声音已经盖过了其他寻求妥协的声音。阿德里安娜·霍夫曼曾经是国家环境委员会的主任，后来她又领导了智利森林保护者组织（Defenders of the Chilean Forest），这个组织和帕特·拉斯姆森（Pat Rasmussen）领导的美国土地联盟（American Lands Alliance）达成共识，后来这两个组织联手前往延龄草公司位于西雅图贝林翰的总部进行调查，他们拍摄到了延龄草公司在惠德贝岛（Whidbey Island）的开发项目。他们带着这些照片回到了智利后，告诉广大智利人民：延龄草公司项目的普遍做法就是"砍光树木，建设森林公路，喷洒

第八章 | 延龄草项目
（智利）

除草剂"。他们还挖掘到一些其他信息，延龄草公司现任公共关系发言人是从伐木业巨头路易斯安那-太平洋（Louisiana-Pacific）公司挖来的，而这家公司在美国司法部共有56次环境污染违法行为的案底。另外他们对延龄草公司的建材生意也开展调查，说这些建材尽管被宣传得很好，但是"已经开始腐朽，开始长蘑菇了"。

左，安东尼奥·霍瓦特（Antonio Horvath），智利参议院环境委员会前主席，作为原告，在延龄草项目案的关键时刻发挥了重要作用，最终阻止了该项目。右，阿德里安娜·霍夫曼（Adriana Hoffman），智利国家环境委员会前主任，她因反对延龄草项目而被解职，但是最终使得该项目被取消。照片由马璐·塞拉（Malu Sierra）提供。

在智利国内，草根环保人士开始上街了，行为富于想象。1998年6月5日，也就是世界环境日那天，他们上演了一幕讽刺性的哑

233

剧，他们从当地五金店里借来一只链锯，一位演员饰演弗雷总统，另一位演员扮演延龄草公司，情节就是弗雷总统从延龄草公司手中接过链锯。演出的那天大雨倾盆，除了几家媒体，并没有观众来看他们的演出，但是忽然间冲来200名智利警察，他们每四个人控制一名游行者，将他们全都送进了监狱。这对延龄草公司的舆论形象是很不好的。另外，在国家环境委员会第二次审核通过里约秃鹰项目后，一小撮反对者来到国家环境委员会总部大楼，脱下自己的裤子，对过往的人说：国家环境委员会是一群娘炮，没有睾丸，所以没有勇气阻止这个项目。据报道，国家环境委员会中还有一些工作人员非常同情这些抗议者，在看到这个新闻后，"脑袋都要笑掉了"。对延龄草公司的打击还在继续。一位长期致力于森林保卫的活动家特意从美国来到智利，参加他们的抗议活动，之后这位活动家说："我来到这里，这里有一些人，我全都认识，他们没有任何经验，但却敢于站起来与50万英亩的采伐项目作斗争，换作在其他国家，这个项目早就通过了，但是他们一直在抵抗、拖延、打击、破坏，但他们却一直无法给出致命一击……我几乎不敢相信，这确实是一件让人难以置信的事。"

与此同时，霍夫曼、拉斯马森等人正准备给大卫·赛尔一个台阶下，让赛尔出售这片林地，建设一处拥有"南半球独一无二的森林"的世界公园。他们还在贝林翰与华盛顿州东部举办"领养火地岛上的一棵树"的活动。从这一点上看，里约秃鹰的公共舆论还算乐观。1999年，赛尔说，他要将秃鹰项目的森林作为碳汇卖给碳排放企业。2002年耶鲁大学举办了一次演讲活动，这次的主题是

第八章 | 延龄草项目
（智利）

"可持续发展计划能发挥作用吗？"作为一名开发过火地岛项目、非常有经验的企业家，赛尔说："我还是充满希望，因为我最终将取得胜利。"

最后资金枯竭了。像里约秃鹰这样规模的项目，都不是完全使用自有资金，都是通过杠杆借贷，项目拖得越久，贷款也就越多。2000年，延龄草公司已经通过抵押这个项目和其他财产得到了5600万美元的贷款，这笔贷款的利息是惊人的，在基准利率基础上，上浮5%。但后来贷款方却因财政和刑事责任破产了，之后这个公司被美国最大的投资银行高盛公司（Goldman Sachs）收购了。到了那时，延龄草公司仅仅因为里约秃鹰项目就已经负债3000万美元。为了偿还贷款，他只好将自己的项目股份卖给了这家华尔街高端投资公司。那么这家公司究竟准备怎么处理这个项目呢？这家公司的一位负责人说："我们要应付的是金钱问题，那里的树木、动物和我们没关系。"这时，霍夫曼和拉斯马森给他们出了个主意。

他们的主意被这家公司采纳了。高盛公司将延龄草公司的股权转让给高盛公司的慈善基金，然后由高盛慈善基金作为信托人，将这些股权转移给野生动物保护协会（Wildlife Conservation Society）。野生动物保护协会是国际性的环保组织，曾经管理过南美洲的未开发土地。高盛公司还为保护项目提供了最初三年启动资金，合计660万美元，并承诺将来再提供600万美元的配套资金，野生动物保护协会也需要为火地岛保护项目筹资600万美元。不只是高盛公司掏钱了，公司员工也出了相当多的钱，他们说："从内心深处支持这个项目。"有些钱很有可能是高盛公司时任首席执行官亨利·鲍尔森（Henry Paulson）出的，他也是一名热心的环保主义者。据说，"这项决议来自高盛公司的最高层"。

接下来就是一场"情意绵绵的聚会"了。高盛的一位发言人说："这是一份送给智利人民的礼物。"智利总统办公室表示："这是一个非常有意义的项目，非常好，因为它为那里极其脆弱的生态系统提供了一个保护区。"阿德里安娜·霍夫曼认为这"真是难以置信"。帕特·拉斯马森接着说，"这正是我和我的同仁们真正想要的。"就连延龄草公司也参加了这次聚会，他们的执行董事强调，这也是他们一直追求的结果，新的保护区项目和他们之前的里约秃鹰计划之间并没有很大差异，他说："我们一直计划要将这里70%的土地划为保护区。"

拾

延龄草项目案带来的后续效应一直持续了好多年。这股势头让环保组织在刚刚羽翼丰满时就取得他们做梦都想不到的成就。其中一个就是冈瓦那森林保护区（Gondwana Forest Sanctuary）项目，该项目作为里约秃鹰项目的第一替代方案，远比计划更激动人心。1998年，就在延龄草公司第一次受挫时，一家环保组织买下秃鹰项目和阿根廷边界之间的一片莲茄树林。这片树林靠近阿根廷的一家公园，从而阻止了朝这个方向的进一步采伐活动。这次购买活动为智利和阿根廷合作搭建了平台，两个国家共同划出460万公顷的自

第八章 | 延龄草项目
（智利）

然保护区，由两国共同管理。这个保护区的核心区受到绝对保护，周边地区允许有限度地发展农业和旅游业。为了保护这片森林，智利和阿根廷这两个不共戴天的仇敌居然联手了，这又是谁能预料得到的呢？另外，智利的环保主义者还将冈瓦那大陆"冰冻的森林"保护区扩张到了塔斯马尼亚（Tasmania）和新西兰。乘势前进，什么事情都可能实现。

接着又有一个礼物从天而降，而智利差一点就拒绝了这个礼物。20世纪90年代初期，一位美国百万富翁道格拉斯·汤平（Douglas Tompkins）悄无声息地买下了一块12000平方英里的森林，这片森林就在里约秃鹰项目的北部，这位富翁想要在这里建设一个自然保护公园。汤平就是通过生产户外设备和户外装发家的，拥有埃斯普瑞特（Esprit）和北面（North Face）两家制衣公司，这两个品牌都以环保为理念。他的公园通过生态旅游和其他影响很小的活动获得一些经济支持。还有一些北美人士也在智利买下了一片森林保护区，但是这一小片森林在太平洋边上，与阿根廷接壤。就在这时，智利三大巨头——军队、主教和私人土地所有者组成联盟反对汤平购买森林保护区，他们的理由还是老一套：汤平实际上是想建立一个犹太小国，这会对智利的国家安全构成威胁，而且汤平还是一个外国人。媒体迅速呼应，抹黑汤平的项目。当然，延龄草公司是家外国公司，赛尔也是外国人，这个身份并没有给他们的项目造成困扰。因为延龄草是用老办法挣钱，但是汤平带来的项目是他们没有见过的，全新的，环保的，他们还没有准备好迎接这种新事物。

但是延龄草项目案改变了智利人的观念，他们开始觉得环保和

夺回伊甸园

盈利是可以并举的，当然盈利少一些，但是保证了长期持续的利润。汤平的项目通过了政府审查，现在这片森林称为普玛琳（Pumalin）公园。汤平的成功激励了一位名叫塞巴斯蒂安·皮涅拉（Sehastion Piñera）* 的智利商人。这位商人在智鲁岛（Chiloe）买下接近1000平方英里的林地，恰好这在火地岛以北。另外，他还将投资2000万美元用于林地管理，并通过开发这里的旅游业获得经济收入。但是，智利对这样的开发项目还是抱着怀疑的态度，虽然私营公园模式已经成为这个国家林地保护的方式之一，但是智利林业部手上还有50倍于智鲁岛面积的林地。这些林地的管理与保护只能依靠他们自己，然而他们财政预算只有500万美元，这几乎是不可能完成的任务。所以高盛公司找一家国际组织负责长期管理里约秃鹰项目的那块林地，不是没有原因的。这是自然而然的，但是也招来了责难。

延龄草项目案对智利环境政策的影响，并非那么非此即彼。国家环境委员会作为官方环境保护部门，仍然是矛盾体。最高法院的第一个判决震惊了所有人，因此国家环境委员会的主任立马就被解雇了。她的接替者很温顺。新主任大谈"平衡"。"平衡"是行政机关的标准辞令，表明他们不会将环境保护作为第一要务。似乎是为了向上司确保该机构将听命上级，他补充道："事实上，我们是政府的一个组成部分"。他接着解释说："如果在发展问题上我们不与政府保持一致，我认为这太奇怪了。"不管奇不奇怪，毕竟行政

---

* 塞巴斯蒂安·皮涅拉于2010年3月至2014年3月担任智利总统。——译者注

第八章 | **延龄草项目**
（智利）

机关在履行法律赋予它的某些职责时，是不应该考虑政治因素的，比如公共卫生职责。智利的环境保护主管部门仍然权力有限，主要是一个咨询机构，而非决策机构，受到政府的严格控制，而政府首先考虑经济，只有在不影响经济的情况下才会考虑其他问题。

面对延龄草项目案带来的机遇，智利的法律体系却退缩了。公民诉讼的起诉权被保留下来了，最高法院所确认的环境保护的重要性也被保留了。但是另一方面，几乎没有法院敢反对政府的决定，即使政府的决定是严重错误的。国家环境委员会的一位律师现在是私人执业律师，据他所说，法院对延龄草项目案的判决越来越持谨慎态度，对行政行为的审查已经变成检查行政机关是否填好了表格。宪法中环境保护的权利，也就是延龄草项目案第一次判决的基本法律依据，在行政法中找不到进一步的规定。虽然如此，最高法院的判决还是产生了一个坚实的结果，那就是在地球南部顶端，还有一个未受侵扰的、原生态的、非凡的森林公园。

拾 壹

这里还有一个问题是，在里约秃鹰项目的语境中，"可持续发展"一词究竟是什么意思呢？对延龄草团队来说，可持续发展就是更加明智的开发方式，而不是选择一夜之间消耗掉这里的一切。他们是从技术的角度考虑可持续发展，提供了更好的采伐方式，而不是简单地"把树放倒"。赛尔认为，环保主义者感到沮丧的原因是，

夺回伊甸园

不管他们提出什么反对意见,"延龄草项目都提供了答案"。就像他的首席林业顾问所说,那些反对者一点都不能促进可持续发展,"事实是,他们不能容忍任何采伐行为,他们希望保留所有树木。"对于生态林业学家或者可持续自然资源开发者来说,这个立场的荒谬是不证自明的。

当然,延龄草项目案不能解答所有问题。从长远来看,这个项目是否是可持续的,都存在严重疑问。保护环境的必要条件使得任何砍伐行为都值得怀疑,要使美国投资者获得充分投资回报,砍伐规模必然很大,必然最终砍光所有树木。那又怎么样呢?如果看一看美国林务局过往有关可持续林业的实践记录,我们就能发现,来自政客、木材行业以及地方组织的压力,都会让这些项目不断地"再多砍一些树木"。我们还可以将视线转向海洋,在过去的五十年里,可持续发展一直是渔业管理的黄金准则,但是大多数地方的渔业还是崩溃了。在真实世界中,"可持续"这个概念还得经历一段艰难的时期。

除了实践上的困难之外,还有另一只拦路虎,那就是新兴环保主义的崛起。这种环保主义者并非基于理性,而是基于情感,对自然万物的热爱,无法用发展的逻辑计划加以驳斥。帕特·拉斯姆森实际上是代替成千上万的人在发言,但是这些人也许从未去过火地岛,他们也许根本不会写"莲茄树"这三个字,但是她说:"尽管如此,这些野生环境不能遭到破坏。"同样是这种念头保护了美国一处野生生态系统,在与商业组织斗争了13年之后,最后让他们取得胜利的正是这种疯狂的想法——"别碰那里的生物"。但是在

第八章 | 延龄草项目
（智利）

对方看来，将自然保留在原始状态的想法是不理智的、疯狂的。对于开放北极国家野生动物保护区，以便进行石油、天然气开发，同样是因为这样的念头，多次都未能实现。也许跟北极广阔的土地相比，开采工程占地面积会显得非常渺小，也许那些持反对意见的环保主义者中，一万人中只有一个人一生中会真正造访北极，但是对这些人来说，不是他们疯了，只是在他们心中原生态的旷野之地非常重要，只此一点，就足以让他们奋力反对。

反思

> 我是本州唯一负责环境诉讼的检察官。我努力阻止非法采伐森林的行为。但是，没有任何人希望我成功。人民反对我，政客反对我，法院也反对我。我仍然在努力。我对违法者提起诉讼。然而，我担心的是，如果我赢得了诉讼，他们会杀了我。我该怎么办呢？
>
> ——巴西亚马孙州一位检察官的陈述，1987年

有段时间，天快黑的时候，我在密西西比河岸边遛狗。在岸边，我的狗狗可以找一些我不让它碰的东西，我也可以在树林中穿行。有天晚上，我们碰到一群孩子，他们正围着一堆篝火玩耍。当我经过的时候，其中一个男孩问我："你是不是上过电视？"我说，没有啊。但是他们还是有一搭没一搭地问了我一些问题。突然，这个男孩说道，"我知道了，你是共产党。"这深深地触动了我，我在火光的边缘站着，想着他为什么觉得我是共产党。我问他，你父亲是不是在下城的一家律师事务所工作？这个男孩很奇怪地看着我，就像我猜出了他的生日一样。我从篝火边上走开了，想象着他回家之后的情境：当他们一家人在电视上看到我讨论环境保护问题时，

肯定炸开了锅。也许，说我是共产党，还不是最重的话。

这就是美国的情况，还不要说其他国家。

在其他国家，环境法也得到了发展。就像在美国一样，在其他国家，推动环境法发展的也是一些简单明了、不容忽视的观念。这些观念可能会被压制一时，但是绝对不可能被压制一世。尽管政府最不想做的事情就是保护环境，但是普通公民能够通过法院诉讼程序，迫使政府保护环境。美国创设了这项诉讼制度，使公民诉讼制度牢牢地嵌入所有的环境保护项目之中，但这并不意味着公民诉讼制度就是受人欢迎的。在其他一些民主传统不强、司法长久听命于政治权力的国家，公民诉讼制度也不受欢迎。在此背景下，环境案件导致司法机构出现类似"复兴"的现象：眼看自然已经濒临崩溃，法院应声而起、砥砺前行。法院还没有想好应当采取什么行动，但是已经指出哪些行为应被禁止。法院援引了一些原则，这些原则就像"健康环境权"一样，具有很大的潜在影响力。

但是，这真的是司法机关的角色吗？在美国，没有比这更加困扰环境法的问题了。尽管从最低审级到最高审级，大多数法官都对此作出肯定的回答，但是仍然有法官未被说服。他们坚守法院的职能定位，认为公民诉讼就像是入侵人类的天外魔花，对良好秩序构成威胁。他们认为，如果环保主义者反对削平暴风王山、反对将阿刻罗俄斯河的河水输送到塞萨利平原，让他们找立法机关好了。这才符合民主。他们认为，司法决策就是暴政。

他们的观点有两个问题。其一，当私人提起诉讼，比如工业企业对于它不喜欢的污染物排放标准提起诉讼，那些反对环境诉讼的人立马就表示赞成了。用他们的话说,工业企业可以通过诉讼反对过于严格的污染物排放标准,但是公众不能通过诉讼反对过于宽松的污染物排放标准。正义的天平只向一方倾斜。其二,在我们看到的所有案件中,民主程序都发挥了作用。本书所讨论的每个国家,都通过公民投票和民选代表投票,制定了宪法和法律。剩下的唯一问题,就是政府能否将宪法和法律撇在一边。如此说来,法院并不是民主的捷径。法院只是确保自己不会成为一个摆设。

尽管如此,如果我们从本书就得出结论,认为环境案件容易胜诉、法院对于保护环境采取了积极态度,那就是自我陶醉了。环境保护之路仍然荆棘丛生,实现环境保护,需要克服不切实际的幻想,需要正视现实,不得让他人背黑锅。克服这些心理之后,环境法每天都可能遇到强大的敌人,但却很难遇到强大的朋友。很少有人能够通过善待自然获取巨额财富,更不会因为阻止建设大坝或者公路而使被阻止建设的大坝或公路以其命名。实际情况截然相反。

环境诉讼的作用就在于帮助实现公平。在秉公审判的情况下,法院提供了摆事实、讲道理的平台,而不是像立法机关和行政机关一样,深受金钱和政治的束缚。站在法院的那一短暂时刻,维拉·米什钦科、阿尔伯特·巴策尔和俄罗斯政府或者爱迪生联合气电公司,都具有同等的诉讼主体地位。他们最终得到的判决,并不必然完全基于事实和法律。毕竟,法官也是人。但是,法院判决仍然有可能比立法机关、行政机关的决定更加公正。当然,在很多国家,法官并不是毫不偏私的,包括美国有些地方在内。美国联邦最高法院的几名法官,在其有记录的职业生涯中,对于审理的任何环

夺回伊甸园

境案件都没有投赞成票。这些法官对于环境案件投赞成票的概率，比拉斯维加斯的老虎机吐钱的概率还低。他们中有些人，对于公民环境执法诉讼，特别反感。在最近一个有关气候变化的判决中，联邦最高法院九名法官中就有五位反对给予原告诉讼主体资格。特别具有讽刺意味的是，美国曾经是环境法治的摇篮，在照亮全世界之后，现在却想退缩。

在谈了这些挑战之后，我们看看在任何国家提起环境诉讼都会面对的实际困难。对于保护环境的一方，环境诉讼完全不可能赚钱。环境诉讼不是为了寻求赔偿金，代理律师也不能获得风险代理费用。加拿大北部的克里族人、阿刻罗俄斯河谷的居民，等等诸如此类的原告，都不可能仅凭自己的力量打官司。正如本书所描述的，有些官司一打就是十几年。与此同时，被告却可以使用免费的政府律师服务或者豪掷重金聘请私人执业律师。从经济的角度考虑，环境诉讼就是自杀行为。此外，很难找到愿意作出不利于政府的证词的专家，因为政府可能是这些专家的雇主，或者为他们的雇主提供资助。也难以找到愿意作出不利于产业界的证词的专家，因为产业界对该领域的研究提供资助。大学的各个院系都指望化工、电力和制药产业，没有获得企业资助的专家只是特例。环保主义者在挑战产业界时，能够寻求帮助的专家群体非常小。就像双方的经济实力一样，双方在专家支持方面也存在严重的不平衡。当芝麻街里的大青蛙科米特（Kermit the Frog）说保持绿色很难时，他确实是考虑了环境诉讼。

考虑到这些情况，已经发生的这些案件就更不简单了。这些案件并不是刻意安排的。相反，这是趋同演进的产物，各国类似的先驱行动虽然互不关联，但是最后演进成为相同的立场。暴风王山案和日光太郎杉案，前后间隔不过几年。回想起来，本书给人的一个特别印象就是，如果让审理一个案件的法官审理其他案件的话，也会作出相同风格的判决。他们用全新的视角看待周围的世界以及他们的职责。虽然不可能将他们都请过来，但是我们应当将这些法官铭记在心：暴风王山案的约翰·奥克斯（John Oaks）法官、日光太郎杉案的白石健三法官、大鲸河案的阿尔伯特·马尔霍夫（Albert Malhouf）法官和保罗·鲁洛（Paul Rouleau）法官、未成年的欧博萨案中的希拉里奥·达维德法官、泰姬陵案的库尔迪普·辛格（Kuldip Singh）法官、列宁树案的妮娜·瑟吉娃法官、阿刻罗俄斯河案的迈克尔·迪克勒瑞斯法官、延龄草项目案的多数派合议庭成员。非常感谢他们，他们为我们重新赢得地球争取了时间。

致谢

如果不是因为我的学生以及世界各地的学术同仁的研究和帮助,我绝对无法写出本书。通过他们,我了解到这些传奇般的案例。我花了十几年的时间,研究多种语言记载的这些案例以及案例所涉及的文化、历史、人物。正是因为这一过程,我意识到这些案例都体现出一个共同的主题,那就是法院在保护我们共同的环境中发挥出越来越重要的角色。很多人都向我讲述了这一点以及背后的故事。我非常感谢他们。

本书译者尤明青也是我以前的学生,如果没有尤明青及其研究生汪琰、王海晶等人的热忱和努力,本书也无法与中国读者见面。翻译法学著作相当困难。本书不仅讨论法律问题,也讨论法律之外的问题,这就使翻译工作难上加难。我非常感谢他们。

奥利弗·A. 霍克

2016 年 9 月 15 日

著作权合同登记号　图字:01-2016-4358

图书在版编目(CIP)数据

夺回伊甸园:改变世界的八大环境法案件/(美)奥利弗·A.霍克(Oliver A. Houck)著;尤明青译.—北京:北京大学出版社,2017.3
　ISBN 978-7-301-27865-9

Ⅰ.①夺…　Ⅱ.①奥…②尤…　Ⅲ.①环境保护法—案例—世界　Ⅳ.①D912.605

中国版本图书馆 CIP 数据核字(2016)第 320457 号

Taking Back Eden: Eight Environmental Cases that Changed the World
copyright © 2010 Oliver A. Houck
Published by arrangement with Island Press through Bardon-Chinese Media Agency
Translation copyright © 2017 by Peking University Press

书　　　名	夺回伊甸园:改变世界的八大环境法案件 DUOHUI YIDIANYUAN
著作责任者	〔美〕奥利弗·A.霍克　著　尤明青　译
责任编辑	王　晶
标准书号	ISBN 978-7-301-27865-9
出版发行	北京大学出版社
地　　　址	北京市海淀区成府路 205 号　100871
网　　　址	http://www.pup.cn
电子信箱	law@pup.pku.edu.cn
新浪微博	@北京大学出版社　@北大出版社法律图书
电　　　话	邮购部 62752015　发行部 62750672　编辑部 62752027
印　刷　者	北京大学印刷厂
经　销　者	新华书店
	890 毫米×1240 毫米　A5　8.375 印张　176 千字 2017 年 3 月第 1 版　2017 年 3 月第 1 次印刷
定　　　价	30.00 元

未经许可,不得以任何方式复制或抄袭本书之部分或全部内容。
版权所有,侵权必究
举报电话:010-62752024　电子信箱:fd@pup.pku.edu.cn
图书如有印装质量问题,请与出版部联系,电话:010-62756370